Weinbars in Venedig

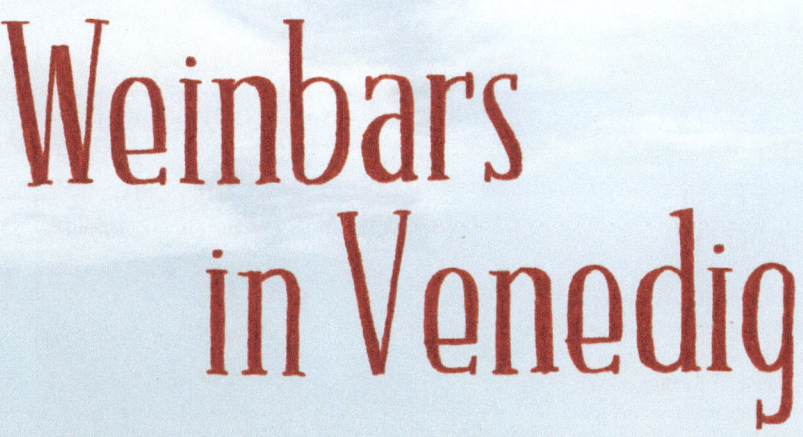

Weinbars in Venedig

KULINARISCHE SPAZIERGÄNGE UND ORIGINALREZEPTE

CORNELIA SCHINHARL | BEAT KOELLIKER
FOTOGRAF: PETER VON FELBERT

DIE GU-QUALITÄTS-GARANTIE

Wir möchten Ihnen mit den Informationen und Anregungen in diesem Buch das Leben erleichtern und Sie inspirieren, Neues auszuprobieren. Bei jedem unserer Bücher achten wir auf Aktualität und stellen höchste Ansprüche an Inhalt, Optik und Ausstattung. Alle Rezepte und Informationen werden von unseren Autoren gewissenhaft erstellt und von unseren Redakteuren sorgfältig ausgewählt und mehrfach geprüft. Deshalb bieten wir Ihnen eine 100%ige Qualitätsgarantie.

Darauf können Sie sich verlassen:
Wir legen Wert darauf, dass unsere Kochbücher zuverlässig und inspirierend zugleich sind.
Wir garantieren:
- dreifach getestete Rezepte
- sicheres Gelingen durch Schritt-für-Schritt-Anleitungen und viele nützliche Tipps
- eine authentische Rezept-Fotografie

Wir möchten für Sie immer besser werden:
Sollten wir mit diesem Buch Ihre Erwartungen nicht erfüllen, lassen Sie es uns bitte wissen! Nehmen Sie einfach Kontakt zu unserem Leserservice auf. Sie erhalten von uns kostenlos einen Ratgeber zum gleichen oder ähnlichen Thema. Die Kontaktdaten unseres Leserservice finden Sie am Ende dieses Buches.

GRÄFE UND UNZER VERLAG
Der erste Ratgeberverlag – seit 1722.

INHALT

- 6 Vorwort
- 8 Reisetipps – Für einen entspannten Venedigbesuch
- 10 Die *sestieri* – Die schönsten Stadtviertel Venedigs
- 12 Venedig im Überblick

17 RIALTO – DER DREH- UND ANGELPUNKT VENEDIGS
- 19 Der Mercato di Rialto – Ein Fest für alle Sinne
- 20 Rialto im Überblick
- 22 Die besten *bacari*: vom All'Arco bis zum Al Diavolo e l'Acqua Santa
- 31 *Ombra* und *ombretta*
- 35 *Cicheti, cichetti, cicchetti* – Köstliche Kleinigkeiten
- 36 *Cicheti* kalt serviert: *Baccalà mantecato, Verdure ripiene* und *Frittata agli asparagi*

- **153 DER VORNEHME OSTEN – ZWISCHEN RIALTO UND SAN MARCO**
- 154 Zwischen Rialto und San Marco im Überblick
- 156 *Carnevale* und *Commedia dell'Arte*
- 158 Die besten *bacari*: vom I Rusteghi bis zum Mascareta
- 164 Wein entdecken
- 168 Fisch und Meeresfrüchte: *Seppioline al nero, Folpetti stufati* und *Acciughe al forno*
- 180 Typisch Venedig – Fisch und Meeresfrüchte aus der Lagune
- 184 Glossar kulinarisch: von *Articiòco* bis Tintenfischtinte
- 186 Glossar Wein: von *Abboccato* bis *Vivace*
- 188 Rezeptregister
- 190 Orts- und Sachregister
- 192 Impressum

- **55 CANNAREGIO UND DAS GHETTO – GEHEIMTIPP ABSEITS DES TOURISTENSTROMS**
- 56 Das historische Ghetto
- 58 Cannaregio und das Ghetto im Überblick
- 60 Die besten *bacari*: Al Timon und Do Colonne
- 65 Prosecco, Spritz und Bellini
- 68 *Cicheti* warm serviert: *Radicchio al forno, Polpette di pesce* und *Flan di porcini*

- **82 SAN MARCO – MAGIE UND KOMMERZ**
- **84 DORSODURO UND SANTA CROCE – HIER WOHNEN, STUDIEREN UND FLANIEREN DIE VENEZIANER**
- 86 Gondeln: Eleganz in Schwarz
- 88 San Marco, Dorsoduro und Santa Croce im Überblick
- 91 Die besten *bacari*: vom Da Carla bis zum Da Lele
- 99 Valpolicella und Soave
- 100 Auf Brot und Polenta: *Crostini con crema di noci, al tonno* und *Gamberetti su polenta nera*
- 122 Tramezzini, Panini & Crostini

- **126 DIE STRADA NOVA – FLANIERMEILE UND UND LOGENPLATZ**
- 128 Strada Nova im Überblick
- 130 Die besten *bacari*: vom Vecia Carbonera bis Alla Vedova
- 135 Weine aus dem Friaul
- 138 *Primi piatti* typisch venezianisch: *Risotto ai gamberi, Bigoli in salsa* und *Gnocchi di zucca*

LIEBE LESERIN, LIEBER LESER,

je mehr wir uns in den letzten Monaten mit Venedig beschäftigt haben, umso mehr wurde uns klar, es gibt in Venedig zwei Städte, die zwar am gleichen Ort ein intensives und quirliges Leben führen, aber fast nichts miteinander zu tun haben: das Venedig der Touristen und das Venedig der Venezianer. Viele Venezianer, oder fast alle, gehen zwar in das Venedig der Touristen zur Arbeit, kehren aber abends wieder in ihr eigenes Venedig zurück.

Wir möchten Sie mit diesem Buch zu einem Besuch im Venedig der Venezianer einladen. Die Reise ist nicht weit: Sie müssen dazu nur eine unsichtbare Wand durchbrechen und schon sind Sie da. Vielleicht werden Sie zuerst etwas zurückhaltend empfangen, aber der Schein trügt. Die Venezianer haben viele Jahrhunderte Geschichte gesehen, und die Fremden waren ihnen nicht immer freundlich gesinnt. Man wartet also lieber ab. Hat man ihr Herz aber einmal gewonnen, so wird man warm und offen empfangen.

Die *bacari* sind das Herzstück dieser anderen Stadt. Hier in diesen stimmungsvollen kleinen Kneipen und auf den Straßen davor findet seit jeher das Leben der Venezianer statt. Der *giro de ombre* führt sie ab morgens so um elf herum auf die Gasse und in die *bacari*. Dort wird alles besprochen und geregelt, von der hohen Politik bis zum nachbarlichen Klatsch. Der *avvocato* und der Handwerker, der Student und neuerdings auch die Hausfrau und die *nonna*, man trifft sie alle.

Ist der erste Schritt mal gewagt, so entdeckt man eine zauberhafte neue Welt, man trifft eine ganze Kultur mit ihren Traditionen, ihrer Geschichte und ihren nicht selten ausgeprägten Charakteren.

Dieses Buch möchte Ihnen Mut machen zu einer neuen Entdeckung dieser eigentlich unmöglichen Stadt. Wer, wie wir in diesem Buch, den Zugang zu dieser intimeren, nach Innen gekehrten Seite Venedigs sucht, ist auf die Freundschaft und das Vertrauen der »echten« Venezianer angewiesen. Wir haben sie gefunden und bedanken uns dafür im Namen aller unserer Leser bei: Gigi Piumatti von Slow food Italien, er hat uns viele Türen geöffnet; Ernesto Pancin von der aepe, ihm verdanken wir die wertvollen Tipps eines Profis mit Herz; Tiziano Scaffai, seine Herzlichkeit und Gastfreundschaft haben uns immer wieder überwältigt; Donatella Laboranti von Slow Food Venezia. Sie hat uns wie alte Freunde aufgenommen, kompetent zu den Gemüse- und Weingärten der Lagune geführt und mit dem Fischmarkt näher vertraut gemacht; Pietro Rusconi vom Hotel Bauer Grünwald, der als junger Mitspieler die Szene der *bacari* von innen kennt, und im Namen des Fotografen bei allen *bacari* für ihre Bereitschaft, ihre Köstlichkeiten auch auf dem Bild festhalten zu dürfen. Außerdem bedanken wir uns bei den unzähligen Menschen, die wir auf unseren *giri d'ombra* getroffen haben.

Viel Spaß in Venedig!

Cornelia Schinharl

Beat Kullin

P.S.: Die Auswahl der *bacari* erhebt natürlich keinen Anspruch auf Vollständigkeit. Wir haben eine ganz persönliche Wahl getroffen. Genauso bei den Rezepten: Ein paar haben uns die Besitzer oder ihre Köche bereitwillig anvertraut, die meisten sind dem nachempfunden, was wir in den *bacari* probiert und für gut befunden haben.

REISETIPPS
Für einen entspannten Venedigbesuch

PER VAPORETTO UNTERWEGS

Das Erste und Wichtigste, was Sie gleich bei Ihrer Ankunft in Venedig tun müssen: Kaufen Sie sich eine Fahrkarte für das Hauptverkehrsmittel auf den Kanälen, die Vaporetti. Die Fahrkarten der Linien der ACTV sind am Bahnhof, an den Hauptanlegestellen der Boote oder in den Tourismusbüros der Gesellschaft VELA erhältlich. Außerdem werden sie in zahlreichen Läden wie Tabak- und Zeitungshandlungen oder Bars verkauft. Und die Preise sind bei einem mehrtägigen Aufenthalt ausgesprochen vernünftig: Eine 7-Tage Karte kostet beispielsweise nur 50 Euro.

Damit sind Sie alle Sorgen los, steigen ein und aus, wo Sie wollen, lassen sich auch einmal einfach durch die ganze Stadt schippern. Und sollten Sie sich verirrt haben – eine Vaporetto-Station ist immer in der Nähe.

Wichtig: An jeder Station befindet sich ein Entwertungsautomat. Da muss man die Fahrkarte hinhalten, und damit ist die Fahrt freigegeben.

Und noch zwei Tipps: Es ist oft eng im Vaporetto, und es gibt auf beiden Seiten der Kanäle viel zu sehen. Wenn Sie sich beim Hin- und Hergucken die Freundschaft Ihrer Nachbarn nicht verscherzen wollen, nehmen Sie beim Einsteigen gleich Ihren Rucksack ab und stellen ihn neben sich auf den Boden.

Und zweitens: Es gibt einen Berufstand, der diese Enge liebt, weil man dann ganz ungeniert in fremde Taschen greifen kann…

DURCH DIE ENGEN GASSEN

Venedig gehört zwar den Touristen aus aller Welt, aber auch ein wenig den Venezianern. Die Koexistenz ist dabei nicht immer einfach.

Die Touristen schlendern, verweilen, bleiben stehen. Die Venezianer haben es vielleicht eilig und müssen irgendwohin. Die Touristen kommen meistens in Gruppen, und die Gassen sind eng und ein Durchkommen für den venezianischen Handwerker schwierig. Meist, aber nicht immer, unterdrückt er seinen Unmut.

Man bedenke: Wir sind die Gäste und wollen unsere Gastgeber ja nicht ärgern. Sonst versalzen sie uns im nächsten *bacaro* die *cicheti* und schenken uns nur sauren Wein ins Glas.

DER GELBE STROM

Jeder Venedigbesucher kennt die gelben Wegweiser, die zu den Hauptsehenswürdigkeiten führen. Durch die so gekennzeichneten Gassen wälzt sich der Touristenstrom. Das ist zwar ganz praktisch und manchmal will man ja auch auf dem schnellsten Weg irgendwohin. Aber an den Ufern dieses Stroms haben sich eben auch alle die Geschäfte und Restaurants angesiedelt, die in diesem Strom fischen und von ihm leben wollen. Man bleibt hier unter sich im großen Business der Tourismusindustrie.

Dieses Buch führt Sie weg davon in die Gegenden und zu den Menschen der Stadt, die vielleicht noch etwas mehr von der Seele Venedigs bewahrt haben. Es will Sie ermuntern, den Strom zu verlassen und in die reale Stadt einzutauchen.

ACQUA ALTA

Venedig steht im Wasser und gar nicht so selten auch unter Wasser. Wir haben im Hotel schon in Gummistiefeln gefrühstückt. In der Wintersaison von etwa Oktober bis in den März hinein sollten Sie daher unbedingt hohe Stiefel mitnehmen. Etwas Vorsicht ist auf jeden Fall geboten, denn bei Hochwasser sind die Ränder der Kanäle nicht immer gut sichtbar… In den wichtigsten Gassen – aber keineswegs überall – werden dann Stege aufgestellt. Die Wettervorhersagen sind unserer Erfahrung nach recht genau. Und da die *acqua alta* in der Regel nur einige Stunden dauert, kann man sein Programm meist gut danach richten.

Etwas schauerlich, besonders in der Nacht, kann der Sirenenalarm sein. Nicht erschrecken! Bei einem harmlosen Hochwasser tönt nur ein einfacher Ton und bei jeweils zehn Zentimetern mehr zusätzlich jeweils ein bis drei höhere Töne.

DIE SESTIERI
Die schönsten Stadtviertel Venedigs

Die Bedeutung der *sestieri* wird einem Besucher meist erst richtig bewusst, wenn er nach einer Adresse sucht. Zwar hören alle Gassen und Kanäle auf einen Namen, aber die Hausnummern haben damit nichts zu tun. Diese werden pro *sestiere* nach einer nur schwer durchschaubaren Logik verteilt, die auf das Organisationsgenie Napoleons zurückgehen soll. Eine Hausnummer besteht also aus dem Namen des Viertels und einer Zahl, die bis weit in vierstellige Höhen reichen kann. Nur wer ausdauernd sucht, der findet (nachdem er sich schließlich doch durchgefragt hat).

Jeder *sestiere* hat seine ganz eigene Atmosphäre, die sich selbstverständlich gerade in den *bacari* ausdrückt. Denn diese Weinbars prägen als Treffpunkte und Newsbörsen den Charakter ihrer Viertel entscheidend.

SAN MARCO
San Marco war stets das Machtzentrum der *serenissima*. Hier stehen die Ikonen der Stadt: Markusplatz und Markusbasilika, Campanile, Dogenpalast und Seufzerbrücke. Diese Kulisse ist noch heute die große Bühne für Hochzeits- und andere Fotos, für den *carnevale*, für das Cafe Florian und als tiefster Punkt der Stadt auch für die spektakulärsten Bilder der *acqua alta,* des Hochwassers.

SAN POLO
Wir lieben dieses kleine Viertel ganz besonders. Sein Zentrum ist der Mercato di Rialto. Hier pulsiert das eigentliche Leben der Stadt. Und gerade hier lebt auch die alte Tradition der Geselligkeit in und um die *bacari* noch unverfälscht fort. In vielen Häusern leben die Familien in den oberen Stockwerken und betreiben im Erdgeschoss ihren kleinen Handwerksbetrieb.

SANTA CROCE
Die *sestieri* San Polo und Santa Croce gehen direkt ineinander über. Zusammen werden sie vom großen Bogen des Canal Grande umschlossen. Handwerk und Universität prägen das beschauliche Viertel. Viel junges Volk genießt das Studentenleben auf den Plätzen, wohin sich nur ab und zu ein verzweifelter Tourist mit einem durchschwitzten Stadtplan verirrt. Im Nordosten grenzt Santa Croce an den Bahnhof.

CANNAREGIO
Das große alte Arbeiter- und Wohnviertel nördlich des Canal Grande wird geprägt durch die jüdische Bevölkerung des Ghetto mit ihren lebendigen Traditionen und durch die schönen Uferpromenaden entlang der großen Kanäle. Im Norden zum Festland hin stand früher ein ausgedehnter Schilfgürtel (*canneto*). Daher stammt der Name des Viertels.

CASTELLO
Der Name kommt vom ehemaligen Schloss, das die Stadt zum Meer hin schützte. Hier wohnten wohl die ersten Siedler, hier stand und steht die *arsenale*, einst die größte Werft der Welt, und hier findet auch die berühmte Kunst-Biennale von Venedig statt.

DORSODURO
Der Name bedeutet harter Rücken und spielt auf den felsigen Untergrund der langen Landzunge südlich des Canal Grande an. Die Sammlung Peggy Guggenheim und die Galleria dell'Accademia ziehen die Kunstpilger an, und die breiten Zattere-Promenaden laden zum Flanieren ein. Der Blick hinüber zu Palladios Fassade der Kirche San Giorgio Maggiore bringt unsere Seele immer wieder in Bewegung.

RIALTO
Der Dreh- und Angelpunkt Venedigs

Dreh- und Angelpunkt Venedigs war nie der Markusplatz, und er ist es heute weniger denn je. Klar, wer im Verlauf der Jahrhunderte nach Venedig reiste, kam per Schiff und legte die Leinen vor dem Dogenpalast um die Poller. Hier zog die Stadt alle Register, um die Besucher, Diplomaten und Handelspartner mit jedem erdenklichen Pomp und Prunk einzuschüchtern. Die fremden Völker sollten sehen, wie reich und mächtig die *serenissima* war. Und Menschen aus aller Herren Länder stehen noch heute vor dem Dogenpalast und der Markuskirche, reden japanisch, englisch, chinesisch und deutsch und staunen Bauklötze wie alle Besucher seit über einem halben Jahrtausend. Und die einzigen Venezianer, die man hier trifft, sind Fremdenführer, und sie verdienen ihr Geld ebenfalls auf japanisch, englisch, chinesisch und deutsch.

DAS WAHRE VENEDIG

Will man den schönen Singsang des venezianischen Dialekts hören, so muss man nach Rialto, und zwar auf den Markt. Die weltberühmte Brücke ist der wahre Dreh- und Angelpunkt der Stadt. Hier, wo sich die beiden Bögen des Canal Grande treffen, bildet sie das Nadelöhr, durch das sich seit Jahrhunderten alles drängt. Zu ihren Füßen findet täglich der große Fisch- und Gemüsemarkt statt. Und in den engen Gassen drumherum pulsiert das wirkliche Leben Venedigs. Hier ist und war schon immer der Meeting-Point der Stadt.

PULSIERENDES LEBEN IN DEN GASSEN

Genau hier findet man auch die schönsten, traditionellsten, lebendigsten *bacari* Venedigs. Man muss sich in die Gassen hinein verlieren, den Strom der gelb beschilderten Touristenpfade verlassen und Ausschau halten nach kleinen Ansammlungen diskutierender Venezianer mit einem Gläschen Wein in der Hand, einer *ombra*. Fast immer entdeckt man über ihren Köpfen das Wirtshausschild eines *bacaro*. Dort muss man hin, denn wer hier eintritt, gehört dazu. Man bestellt seine *ombra*, geht wie die Einheimischen hinaus auf die Gasse, und das Gespräch ergibt sich wie von selbst. Ein paar Schritte weiter oder auch nur ums Eck wiederholt sich die Szene, die Venezianer schlendern weiter und Sie vielleicht mit. Das ist der *giro de ombre*. Wetten, dass Sie schon bald dem einen oder anderen Bekannten wieder begegnen?

Einige *bacari*, unserer Meinung nach die schönsten, typischsten und interessantesten, haben wir in diesem Kapitel beschrieben – zum Einstieg und zum Überwinden der Schwellenangst.

DER MERCATO DI RIALTO
Ein Fest für alle Sinne

Fisch und Gemüse bilden das Herz der venezianischen Küche. Beides kann gar nicht frisch genug sein. Was in der Nacht aus dem Meer gezogen oder am Vorabend auf dem Feld geerntet wurde, liegt früh morgens schon auf den Verkaufsständen des Mercato di Rialto. Noch in der Nacht tuckern die Kähne schwer beladen von der Gemüseinsel Sant'Erasmo und vom nahen Festland über die Lagune, gleiten den Canal Grande hinauf und machen zwischen der Brücke und der grandiosen Halle des Fischmarkts fest. Noch vor dem Morgengrauen sind die Auslagen für die Käufer bereit.

DER VENEZIANISCHE GARTEN EDEN
Hier kaufen alle ein: die Händler, die Restaurants und vor allem die Venezianer. Auf dem Markt erleben sie den Wechsel der Jahreszeiten. Begeistert begrüßen sie im Frühling die ersten Erbsen und die kleinen Artischocken, im Sommer hocharomatische Tomaten und leuchtend gelbe Zucchiniblüten, im Herbst den Kürbis und den Radicchio mit all den Spezialitäten, Arten und Unterarten dieser Gemüsesorten. Ihr täglicher Spaziergang führt diese »Städter« auf den Markt. Voll Vorfreude durchstöbern sie ihren kleinen, aber überreichen Garten Eden der Gemüse und Früchte. Und sie kennen sich aus. Mit verblüffender Sachkenntnis, Hingabe und Sorgfalt wird hier verhandelt und ausgesucht.

WILLKOMMEN AUF DEM FISCHMARKT!
Eine einmalige Attraktion nicht nur für die Venezianer, sondern auch für alle kamerabewehrten Touristen ist der Fischmarkt. Um ihn zu erleben, verzichten wir gerne auf ein paar Kirchen und Gondeln. In den beiden großen, fast kathedralenartigen Hallen finden wir alles, was das Meer zu bieten hat und unsere Sinne betört: Farbtöne von Eisblau bis Krebsrot, Geräusche von klatschenden und glitschigen Fischleibern bis zum frostigen Knacken der Eiswürfel und dem Krabbeln von Garnelen, alle Düfte des Meeres, seine Gischt, sein Salz und seinen Tang. Hier entdecken wir neben Schwertfisch, Thunfisch und Co. auch viele Spezialitäten der Lagune: von *gò* über *moeche* bis *schie* (siehe S. 181).

Unser Tipp: Man sollte früh am Morgen hingehen (der Markt hat von Dienstag bis Sonntag von 7 bis 14 Uhr geöffnet) und sich mit etwas Elefantenhaut ausrüsten, denn das kalte Herz der Fischer zeigt wenig Mitgefühl mit den zappelnden Schätzen aus den Tiefen der Lagune und des Meeres.

DAS PRALLE LEBEN
Venedig mag sich langsam entvölkern und zum Museum werden. Wenn es in dieser »sterbenden« Stadt aber einen Platz gibt, der von prallem Leben überquillt, dann ist das der einzigartige Markt von Rialto.

RIALTO IM ÜBERBLICK

Der Markt von Rialto ist pure Augenlust, hier schlägt das eigentliche Herz der Stadt, und hier treffen sich die Venezianer zum Einkauf, zum Schwatz und zur ersten *ombra* des Tages. Am besten schlendern Sie durch die Nebengassen des verwinkelten Viertels, Sie stoßen dabei unweigerlich auf die unten aufgeführten *bacari*. Sie liegen oft etwas versteckt, aber glauben Sie uns: Wenn Sie denken, hier hinten ist sicher nichts, dann müssen Sie wahrscheinlich genau dort hin. Übrigens spielt es keine Rolle, mit welchem *bacaro* Sie beginnen.

❶ OSTERIA ALL'ARCO
Unser Liebling. Vater und Sohn herrschen fröhlich über ihr kleines Reich und sprudeln über vor Phantasie. Alles, was sie in die Hand nehmen, ist originell und richtig gut. Meist ist die ganze Gasse voller Leute.
Calle Arco, San Polo 436
Tel.: 0039 041 520 5666

❷ OSTERIA BANCOGIRO
Fast schon eine Trattoria, aber doch immer noch ganz in der Tradition der *bacari*.
Campo San Giacometto, San Polo 122
Tel.: 0039 041 523 2061

DER MARKT

Zwei Wege führen zum Markt: Entweder man fährt direkt mit dem Vaporetto bis zur Haltestelle Rialto Mercato und ist gleich mitten im Getümmel (hier machen aber nicht alle Linien halt).

Oder man fährt bis zur Haltestelle Rialto, geht zu Fuß über die Brücke und an ihrem Ende immer geradeaus durch die Ruga dei Orefici mit ihren schönen Arkaden und den unvermeidlichen Souvenierläden. So kommt man etwas gemächlicher ebenfalls ins Getümmel.

Öffnungszeiten: Montag (Fischmarkt Dienstag) bis Samstag von 7–14 Uhr.

---

❸ AL MERCÀ
Das Al Mercà ist eigentlich nur eine Theke mit einem ganzen Platz davor als Gastraum. Hier trifft sich der halbe Markt.
Campo Bella Vienna (Erberia), San Polo 213
Tel.: 0039 346 834 0660

❹ OSTERIA ALLA CIURMA
Ganz traditionell: Man trifft sich drinnen, holt sich seine *ombra* und zwei, drei *cicheti* und bleibt an der Theke stehen oder geht wieder hinaus auf die Gasse.
Calle della Galeazza, San Polo 406
Tel.: 0039 340 686 3561

❺ CANTINA DO SPADE
Etwas versteckt und daher ein Rückzugsort auch für die »Senioren« des Viertels.
Calle do Spade, San Polo 859/860
Tel.: 0039 041 521 0583

❻ OSTARIA AL DIAVOLO E L'ACQUA SANTA
Hier steht auf der Theke noch ein dampfender Kupferkessel mit *trippa*, *testina* und *musetto*.
Calle della Madonna, San Polo 561/b
Tel.: 0039 041 277 0307

❼ CANTINA DO MORI
Der älteste *bacaro* Venedigs. Schön traditionell eingerichtet, aber auch Lorbeeren sollten ab und zu gegossen werden, sonst setzen sie Staub an.
Calle dei Do Mori, San Polo 429
Tel.: 0039 041 522 5401

❽ PRONTOPESCE
Gleich neben dem Fischmarkt ist dieser Schnellimbiss. Der Fisch ist frisch wie sonst nirgends, das Angebot reichhaltig und abwechslungsreich, das Ambiente allerdings etwas funktionell.
Calle Beccarie, San Polo 319
Tel.: 0039 041 822 0298

1 ALL'ARCO

Ums All'Arco herum ist immer etwas los. Manchmal sitzen nur ein paar Leute an den vier Tischen auf der Gasse, manchmal herrscht hier aber auch richtig Rummel. Und manchmal ist fast kein Durchkommen mehr, etwa wenn Francesco und sein Sohn Matteo frische Fische frittieren.

Seit über tausend Jahren findet am Rialto der Fischmarkt statt. Morgens um zwei Uhr brachten die Fischer ihren Fang in die Marktstände, und um vier füllten sich die umliegenden Lokale mit hungrigen Männern. Sie brauchten herzhafte Kost, um sich zu stärken: *trippa* (Kutteln), *testina* (gekochten Kalbskopf), *nervetti* (Sehnen), und nach der Arbeit in der Kälte der Nacht einen wärmenden Wein. Und genau das boten die *bacari* des Marktviertels an.

Heute mag man's etwas leichter, aber die Fischer und Gemüseverkäufer kommen immer noch ab 8 Uhr, wenn das All'Arco öffnet, um ihren ersten Hunger zu stillen. Unter sich bleiben sie aber nicht lange, denn bald schon mischen sich die Kunden des Marktes und die Angestellten der umliegenden Büros und Geschäfte unter die Fischer und natürlich auch der eine oder andere Tourist. Und alle sind *molto benvenuti* bei Francesco und Matteo.

Ihre Familie ist vor drei Generationen aus Apulien zugewandert, um den dunklen Wein ihrer Heimat direkt und korbflaschenweise an die durstigen Marktleute zu verkaufen. Das klappte so gut, dass sie ganz geblieben sind, in verschiedenen Vierteln *osterie* eröffnet und schließlich vor zwanzig Jahren das All'Arco übernommen haben. Ihr Angebot ruht sicher auf der Tradition der *cicheti* und jeden Tag bereiten sie eine derartige Vielzahl der kleinen Crostini und Häppchen zu, dass niemand (wohl nicht einmal sie selbst) sie aufzählen kann: Mortadella mit Robiola und gekochtem Gemüse, *baccalà* mit Kräutern, Robiolacreme mit Trüffel. Zweimal die Woche ist Fischtag. Am Mittwoch wird die Fritteuse angeworfen, und samstags gibt es frischen rohen Fisch, einfach mit etwas Salz und Olivenöl. Dazu schenkt Vater Francesco sorgfältig ausgewählte Weine aus, einen einfachen, aber reellen *vino della casa* oder lokale Weine aus dem Friaul und dem Veneto. Er ist stolz auf seine Fundstücke und freut sich, wenn man seine Beratung sucht. Unsere Erfahrung: kein Stress! Bei ihm ist man in guten Händen.

Übrigens, zum Aperitif geht Matteo hinüber ins Al Mercà, zu Giuseppe und Gabriele, mit denen er schon gespielt hat, als alle drei noch kurze Hosen trugen.

❷ BANCOGIRO

Unter den beeindruckenden Arkaden am Canal Grande fand bis vor 20 Jahren der Gemüse- und Obstgroßmarkt statt. Die Bauern brachten ihre Ware direkt an die Anlegestelle, die Grossisten luden sie um und fuhren damit zu den kleinen Händlern. Dann hat sich dieser Handel aus den Kanälen verabschiedet und nach Mestre verlagert, wo per Lastwagen alles schneller, einfacher und billiger abgewickelt werden konnte. Das Leben zog aus, die großen Markthallen und Arkaden standen einige Jahre leer, Ödland an einer der schönsten Stellen der Stadt.

Hier eröffnete 1999 das Bancogiro, stellte seine Tische ins Freie und begann noch ohne Küche als einfacher *bacaro* mit *cicheteria* das Ödland zu besiedeln. Bald schon verlangte die *burocrazia* auch für diese traditionellen Lokale eine Küche, und so bot das Bancogiro halt auch Pasta und *secondi piatti* an, die Küche war ja da.

So ist es bis heute geblieben: Die kleinen *cicheti* sind große Klasse. Besonders erfinderisch, ja fast schon verspielt improvisieren die Köche mit den Produkten des nahen Fischmarkts: Tintenfisch, Muscheln, Gamberetti und Co. finden überraschende Partnerschaften mit Auberginen, Paprika und vielem mehr. Der Markt ist ihre Grundlage, und so wechseln die Kreationen mit den Jahreszeiten und dem Tagesangebot.

Der *bacaro* öffnet sich ebenerdig auf die stimmungsvollen und belebten Arkaden und auf den Platz am Canal Grande. Dort stehen die Tische des Bancogiro direkt neben denen seiner eher an »Touri-Food« orientierten Nachbarn. Also aufgepasst!

③ AL MERCÀ

Das Al Mercà ist eigentlich kein *bacaro*, sondern vielmehr eine Theke, dies allerdings für einen ganzen Platz. Hier fand einst der Großmarkt statt, bevor er nach Mestre verlagert wurde. Die Arbeit der Marktleute begann schon um zwei Uhr morgens, das machte Hunger, und um sechs haben die damaligen Besitzer daher auch schon die erste Pasta gekocht. Geblieben ist die großartige Kulisse, der Campo Bella Vienna. Er ist die ideale Bühne, um zu sehen und gesehen zu werden.

Und so ist dieser prachtvolle Platz bis heute einer der beliebtesten Treffpunkte, der die Venezianer genauso anzieht wie die Touristen. Man holt sich seinen Prosecco oder Spritz im Al Mercà. Alle plaudern mit allen, flanieren mit dem Glas in der Hand ein bisschen weiter, setzen sich auf die Schwellen der Haustüren oder lehnen sich an die Fenster, wo man praktischerweise auch das Glas abstellen kann. An schönen Tagen spiegelt sich die Sonne auf dem halben Platz in den leuchtenden Gläsern von Weißwein und Spritz. Dann ist das winzige Al Mercà der größte *bacaro* von ganz Venedig.

Seit 2006 schenken Giuseppe und Gabriele hier eine beachtliche Auswahl an Weinen aus ganz Italien offen aus, stolz sind sie auf ihr Bier aus dem Zapfhahn und natürlich auf eine schöne Auswahl an *cicheti* in der Vitrine, vor allem unterschiedlich belegte Mini-Panini und *polpette*, frittierte Bällchen, z. B. aus Auberginen, aber natürlich auch aus Hackfleisch und Thunfisch.

4 LA CIURMA

Die Vorbesitzer der Osteria alla Ciurma, die kurz La Ciurma genannt wird, waren leidenschaftliche Bootsfahrer und Segler, und daher der Name: Die Ciurma war die Mannschaft, die früher auf den Booten rudern musste. Und so sieht es denn auch aus im La Ciurma: Bootslaternen und Schiffskiele schmücken Wände und Decke.

Die Großmutter von Marco, dem heutigen Besitzer des Ciurma, war Köchin bei den vornehmen Conti Contarini, und zwar eine leidenschaftliche Köchin. Am Sonntag nach der Messe ging der Enkel mit ihr nach Hause, direkt in die Küche. So hat er von seiner *nonna* alle traditionellen Rezepte gelernt. Mit über hundert Jahren ist sie erst kürzlich gestorben. Ihr Geist lebt in den traditionellen Gerichten seiner Küche fort. Mit Bestimmtheit erzählt er, wie ein richtiger *baccalà mantecato* gemacht werden muss. So hat es die *nonna* gemacht, so hat er es gelernt, und etwas Besseres gibt es nicht für ihn. Auch wir sind begeistert. Der Wein für die *ombre* kommt direkt aus der Korbflasche, die Marco beim Winzer auswählt und abholt. Darüberhinaus bietet er eine kleine und gepflegte Auswahl an Weinen aus dem Veneto und dem Friaul an.

5 DO SPADE

Das Do Spade liegt etwas versteckt in einer kleinen Gasse. Nur eine Bank vor dem Haus und ein einsames Fass deuten darauf hin, dass man sich hier auch niederlassen kann. Und dennoch: Seit 1488 wird hier Wein ausgeschenkt, und ein unverbesserlicher Giacomo Casanova soll hier 1745 einen Ehemann gehörnt haben – fast ein historischer Ort also.

Heute wird das Do Spade von Francesco Munarini geführt – als sympathische kleine Oase der Ruhe im Getümmel des Rialto. Die Senioren des Viertels lohnen es ihm, setzen sich bei ihm an den »Stammtisch« und lassen es sich bei einer *ombra* gut gehen. Die große Auswahl an *cicheti* macht schon beim Aufzählen Appetit: Viel knusprig Frittiertes, etwa Calamari, Sardinen und Kürbisblüten, *polpettine* und Mozzarella *in carrozza*. In einem Nebenraum, der früher einfach als Lager diente, serviert der ehemalige Architekt auch ganze Mahlzeiten.
Und der Wein? Bescheiden, wie Francesco Munarini ist, verweist er nur auf seine Tafel, und die spricht mit einer großen Auswahl für sich.

6 AL DIAVOLO E L'ACQUA SANTA

Der Vorbesitzer des Diavolo fuhr nebenher und wohl sehr waghalsig und unerschrocken mit einem Schiffstaxi durch die engen Kanäle. Das hat ihm den Spitznamen *il diavolo*, der Teufel, eingebracht. Und gegen den Teufel hilft bekanntlich nur das Weihwasser, *l'aqua santa*, was im Klartext auch Wein bedeuten kann. Jedenfalls gießt der Mönch auf dem Wirtshausschild dem Teufel direkt aus dem Fass ein Glas ein.

Wir empfehlen das Diavolo, weil hier eine alte Tradition weiterlebt: In einem großen Messingtopf kocht den ganzen Tag über der *bollito* mit *trippa* (Kutteln), *testina* (Kopffleisch) und *musetto* (typische venezianische Wurst). Die Wirtin fischt die großen Stücke mit der Fleischgabel aus dem Topf und schneidet die reichlichen Portionen mit der Schere direkt auf den Teller. Dazu gibt's Meerrettich oder Senf. (Foto links)

⑦ DO MORI

Die Inhaber des Do Mori sind stolz auf die lange Geschichte dieses kleinen *bacaro*. Eigentlich besteht es nur aus einem breiten Gang mit schöner Ausstattung: Kupferkessel hängen von der Decke und hinter der Theke stehen dekorative Korbflaschen. Seit dem 15. Jahrhundert wird hier Wein ausgeschenkt, und in dieser langen Zeit hat das Do Mori sicher einige Höhen und Tiefen erlebt. Momentan scheint der traditionsreiche *bacaro* eher eine Schwächephase zu durchlaufen: Die *cicheti* sind zwar vielfältig, aber die Liebe von einst? Die Herren hinter der Theke wirken gestresst, und selbst Commissario Brunetti, früher ein bekennender Fan des Do Mori, macht jetzt eher einen Bogen um die Traditionsbar. *La fine di un mito*? Wohl kaum, das Do Mori hat schon viele Höhen und Tiefen erlebt … (Foto links unten)

⑧ PRONTOPESCE

Frischeren Fisch als hier gibt es sonst nirgends. Direkt am Fischmarkt gelegen, verkauft das Prontopesce Meeresfrüchte und Tintenfischsalat, Couscous mit Fisch oder einen Vorspeisenteller mit den Angeboten des Tages – als Take-away an ihre Kunden und so fast nebenher auch an die Passanten, die hier kurz stehen bleiben oder sich an einen der kleinen Tische setzen. Die Atmosphäre erinnert eher an einen Fischladen, mit Neonlicht und Alumöbeln. Dazu kommt, dass das italienische Gesetz dem Prontopesce nur Plastikgeschirr erlaubt. Gemütlich ist es hier also nicht unbedingt, aber frischeren Fisch als hier bekommen Sie nirgends. Und schmecken tut er natürlich auch! (Foto unten)

OMBRA UND OMBRETTA
Des Venezianers Begleiter durch den Tag

Was ist nicht schon alles gerätselt worden über diese beiden Wörter, *ombra* und *ombretta*. Wir wissen, es gibt nicht nur eine Wahrheit.

Vielleicht war es so: In früheren Zeiten, als es noch keine Kühlschränke und kein Stangeneis, aber schon viele durstige Kehlen auf dem Markusplatz gab, schoben die mobilen Weinschenken ihre Wagen langsam mit dem Schatten (*l'ombra*) des Campanile über den Platz. So blieb ihr Wein wunderbar kühl, und die Gäste folgten: *Andavano con l'ombra*.

Oder auch so: Die Venezianer lieben es, ihr Gläschen auf der Gasse vor dem *bacaro* unter freiem Himmel zu genießen. Aber in der Hitze des Sommers? Da geht man natürlich *all'ombra*, in den Schatten.

Und auch eine dritte Interpretation gefällt uns sehr gut: Wie könnte man die Schattenseiten des Lebens, *le ombre della vita*, besser vertreiben als mit einer *ombretta*, einem Gläschen mit Freunden?

VON GLÄSCHEN ZU GLÄSCHEN

Die *ombra* trinkt man entweder aus einem winzigen Weinglas oder einem traditionellen, aber ebenso kleinen Becherglas. Man bestellt eine *ombra bianca* oder *rossa*, und der Wirt schenkt ein. Weitere Fragen stellen sich nicht. Der Preis steht an der Wandtafel: ein Euro oder vielleicht einsfünfzig.

Wir haben viele *ombre* getrunken und überlebt. Manchmal war der Wein sogar ganz ordentlich. Meist wird er aus einer Literflasche eingeschenkt oder einem Krug, der dann direkt aus der 50-Liter-Korbflasche wieder aufgefüllt wird. Jeder Wirt versichert aber beim Seelenfrieden seiner Großmutter, dass er den Wein persönlich beim Winzer ausgewählt hat und damit seine Qualität garantieren kann. Die *ombra* ist ja auch nur ein Vorwand, um sich im *giro de ombre*, dem Weiterziehen von *bacaro* zu *bacaro*, mit Freunden zu treffen. Auf die Qualität des Weines kommt es da nicht so an.

Ein venezianischer Freund bemerkte einmal in einer Mischung von Missbilligung und Stolz: »*I Veneziani bevono come le schiume*«, »die Venezianer trinken wie die Schwämme«. Und tatsächlich, ab morgens gegen zehn Uhr bis in den fortgeschrittenen Abend hinein sind die *bacari* immer gut besucht und die Krüge mit den *ombre* wohlgefüllt …

Wer etwas Besseres trinken will, kann in allen *bacari* auf eine ansprechende Auswahl von Weinen zählen, die mit Kreide auf der Wandtafel angeschrieben sind und glasweise, *al calice*, ausgeschenkt werden.

Die kleinen Ombretta-Gläschen warten in Reih und Glied auf die durstigen Besucher.

I Cichetti

al banco

Polpette Do Spade	1.-
Polpette di carne	1.-
Polpette di Tonno	1.-
Calamari fritti	2.-
Polpettine in umido	1,5
Sarde in saor	1,5
Sardine al forno	1.-
Sarde fritte	1,3
Mozzarelle in carrozza	1.-

CICHETI, CICHETTI, CICCHETTI ...
Köstliche Kleinigkeiten

Die Weinhändler, die mit ihren Karren durch die Gassen zogen, wurden vermutlich immer wieder gefragt, ob sie nicht auch eine Kleinigkeit zu essen bei sich hätten. Schließlich brachte vielleicht einer einmal ein Dutzend hart gekochte Eier mit, in der nächsten Woche hatte er marinierte Zwiebeln dabei und ein paar eingelegte Sardellen. Jetzt konnte er die Eier halbieren, mit einer Zwiebel oder einem Sardellenröllchen garnieren und seinen Gästen anbieten. Der *cicheto* zur *ombra*, der kleine Happen zum Gläschen Wein, war geboren.

An einer nicht weit entfernten Stelle der Stadt war eine handfeste Stärkung gefragt: Die Marktleute, die über Stunden hinweg eine schwere Arbeit erledigt hatten, brauchten etwas Nahrhaftes, um wieder zu Kräften zu kommen. Da gab es einen Topf voll *bollito*, gekochtem Fleisch, meist eher mit den preiswerten Teilen des Tieres, also mit *testina*, Kopffleisch, Innereien wie Kutteln, Nieren und Milz zubereitet. Einen Risotto vielleicht, der mit Knorpeln vom Schwein oder preiswerten Lagunenfischen, *gò*, gekocht wurde. Oder *nervetti*, Sehnenstränge des Rindes, die man so lange geschmort hatte, bis sie weich genug waren, um sie sich mit ein bisschen Essig und Öl schmecken zu lassen.

VOM KARREN ZUM BACARO

Vermutlich haben sich die beiden Traditionen über die Jahre hinweg immer mehr angenähert. Die Handkarren sind aus den *calle*, den Gassen, verschwunden, aber die *bacari*, die Weinschenken, die die Marktleute wie später auch die anderen Bewohner der Stadt mit venezianischem »Fastfood« erfreuten, gibt es glücklicherweise immer noch. Dort findet man tausenderlei kleine Köstlichkeiten, die zur *ombra* passen: warm oder kalt, auf die Hand oder auf einem Miniteller serviert, Mini-Panini ebenso wie bunt belegte Brotscheiben und saftige Tramezzini, fein würzige Sopressa, die frische Salami der Stadt, oder Schinken und Käse in reicher Auswahl.

Auch heute noch kann uns eine kleine Eihälfte überzeugen, wenn sie mit einer köstlich eingelegten Sardelle oder mit einer mild-würzigen Zwiebel verfeinert wird. Wir freuen uns vielleicht – sofern wir die ursprüngliche Küche lieben - über die *trippa*, die Kutteln, und das Kopffleisch und die deftige gekochte Wurst Venedigs, den *musetto*, wenn wir außer Senf und Meerrettich vielleicht noch eine feine grüne Sauce dazu bekommen. Und wir begeistern uns für die vielen altbewährten Kleinigkeiten, *cicheti* auf Venezianisch oder *cicchetti* bzw. *cichetti* auf Italienisch, die in den vielen *bacari* der Stadt in einer Vitrine darauf warten, ausgewählt zu werden: phantasievoll belegte Crostini, kleine Polentastücke mit den verschiedensten Belägen, auf Zahnstocher gespießte Artischockenböden, Baby-Oktopusse, Zwiebeln oder feine Frittatastücke. Frisch frittierte oder wunderbar marinierte Sardinen und diverse Gemüse. Knusprige Kürbisblüten in hauchdünnem Teig und natürlich saftige Fleisch-, Fisch- oder Gemüsebällchen.

ABENDESSEN AUF VENEZIANISCHE ART

Übrigens: Dass man in Venedig auch schlecht und vor allem sehr teuer essen kann, steht außer Zweifel. Die venezianische Tradition, sich mit einer *ombra* und ein paar *cicheti* zu verwöhnen, ist hingegen eine köstliche und dabei ziemlich günstige Art, die Spezialitäten der Lagunenstadt kennenzulernen. Und wenn man von einem zum nächsten *bacaro* zieht, hat man in jedem Fall eine besonders gute und abwechslungsreiche Art gewählt, sein Abendessen zu gestalten!

BACCALÀ MANTECATO
STOCKFISCHPÜREE

Eine typische venezianische Spezialität, die in keinem bacaro fehlen darf, serviert auf einer Brot- oder Polentascheibe. Im Ristorante kommt der baccalà als secondo warm oder lauwarm auf den Tisch, ebenfalls in Begleitung von Polenta – knusprig gebraten oder als flüssiges Püree.

Für 6–8 Personen
500 g Baccalà (Stockfisch; eingesalzener Kabeljau)
2 Knoblauchzehen
200 ml mildes Olivenöl
Pfeffer
evtl. Salz
evtl. 1 Handvoll Rucola, Basilikum oder Petersilie oder 1 dünne Stange Lauch

Wässern ca. 2 Tage | Zubereitung ca. 25 Min. | Garen ca. 45 Min.
Pro Portion (bei 8) ca. 335 kcal

1 Den Fisch mit kaltem Wasser bedecken und 48 Std. quellen lassen, dabei das Wasser mehrmals wechseln.

2 Den Fisch nach dem Einweichen abtropfen lassen und in einen Topf legen. Den Knoblauch schälen und dazugeben. Den Baccalà mit Wasser bedecken. Das Wasser zum Kochen bringen. Den Fisch darin bei schwacher Hitze ca. 45 Min. garen.

3 Dann abtropfen lassen, von Haut und Gräten befreien und zerpflücken. Den Fisch mit dem Schneebesen oder einem Holzlöffel in einer angewärmten Schüssel durchschlagen und dabei nach und nach wie bei der Zubereitung von Mayonnaise das Olivenöl in einem dünnen Strahl einfließen lassen, bis eine cremige Paste entstanden ist.

4 Jetzt das Püree entweder nur mit Pfeffer und evtl. Salz abschmecken. Oder die Kräuter waschen, trocken schütteln, fein hacken und untermischen. Oder den Lauch putzen, waschen, sehr fein schneiden und untermischen. Das Stockfischpüree warm oder abgekühlt auf knusprig gerösteten Brot- oder Polentascheiben servieren.

TIPP: In zwei Dingen gehen die Meinungen der Venezianer über die richtige Zubereitung des *baccalà mantecato* auseinander. Die eine Hälfte gart ihn in Milch, wie es vor allem die jüdische Bevölkerung Venedigs schätzte. Die andere schwört darauf, dass er in Wasser gekocht besser schmeckt. Die eine Hälfte rührt und mixt das Püree, bis es ganz glatt und homogen ist, die andere mag es leicht stückig lieber. In einem sind sich aber alle einig: *Baccalà mantecato* darf beim Verrühren und Mischen nicht ganz abkühlen, sonst gelingt die Creme nicht. Zur Not stellen Sie ihn in eine Schüssel mit heißem Wasser.

PESCE CRUDO

ROH MARINIERTER FISCH

Viele Venezianer lassen den Vormittag nach dem Samstags-Einkauf auf dem Rialto-Markt im All'Arco ausklingen, bei einer ombra und einer ganz besonderen Köstlichkeit: Francesco und Matteo haben dann nämlich rohen Fisch im Angebot, den, der gerade besonders frisch auf dem Markt zu haben war.

Für 6–8 Personen
250 g superfrisches Fischfilet mit Haut (weit weg vom Meer am besten Süßwasserfisch nehmen, z. B. Saibling, Forelle oder Lachsforelle)
8 Blättchen Minze
1 TL mittelgrobes Salz
4 EL bestes Olivenöl
evtl. 8–12 Scheiben Brot

Zubereitung ca. 15 Min. | Marinieren mind. 30 Min.
Pro Portion (bei 8, ohne Brot) ca. 60 kcal

1 Mit den Fingerspitzen über das Fischfilet streifen. Falls Sie dabei Gräten aufspüren, diese vorsichtig mit der Pinzette aus dem Fischfleisch ziehen. Den Fisch auf ein Küchenbrett legen und mit einem sehr scharfen Messer leicht schräg in möglichst dünnen Scheiben von der Haut abschneiden.

2 Die Minzeblättchen waschen, trocken tupfen, fein hacken und mit dem Salz im Mörser leicht zerdrücken. Das Minzesalz mit dem Olivenöl vorsichtig unter die Fischscheiben mischen und alles mind. 30 Min. ziehen lassen. Die Fischscheiben pur oder auf leicht geröstetem Brot servieren.

TONNO CRUDO ALL'ARANCIA
Thunfischtatar mit Orange

½ Bio-Orange waschen und abtrocknen, die Schale fein abreiben. Die Blättchen von 2 Stängeln Basilikum waschen, trocken tupfen und fein hacken. Mit der Orangenschale und 1 TL mittelgrobem Salz im Mörser zerstoßen. 200 g sehr frisches Thunfischfilet erst in Würfel schneiden, dann fein hacken. Mit der Orangenmischung, 1 TL Zitronensaft und 4 EL Olivenöl locker verrühren und sofort mit geröstetem Brot servieren. Nach Belieben mit 1 Olivenscheibe garnieren.

Cicheti kalt serviert

SARDE IN SAOR

MARINIERTE SARDINEN

Mit Zwiebeln marinierte Fische haben in Venedig eine lange Tradition. Durch die Zubereitung im Essigsud blieben sie länger haltbar und dienten Seefahrern als Reiseproviant. Besonders gut haben uns die sarde in saor im Da Fiore, zubereitet von Koch Ivan Motta, und im Bancogiro (Foto) geschmeckt.

Für 4 Personen
2 EL Rosinen
500 g frische Sardinen
500 g Zwiebeln
Salz
Pfeffer
2 EL Mehl zum Wenden
100 ml Olivenöl zum Frittieren
4 EL Weißweinessig
2 EL Pinienkerne

Zubereitung ca. 1 Std. |
Marinieren mind. 1 Tag
Pro Portion ca. 215 kcal

1 Die Rosinen in einem Schälchen mit Wasser bedecken und ziehen lassen. Sardinen waschen und die Köpfe abschneiden. Sardinen am Bauch aufschlitzen und aufklappen. Die Mittelgräte mit einer Messerspitze anheben und entfernen. Zwiebeln schälen und in feine Ringe schneiden.

2 Sardinen mit Salz und Pfeffer würzen und im Mehl wenden. Das Öl in einer Pfanne sehr gut erhitzen, die Sardinen darin pro Seite 1–2 Min. frittieren, mit einem Schaumlöffel herausheben und auf Küchenpapier abtropfen lassen.

3 Das Öl bis auf einen dünnen Film aus der Pfanne gießen. Zwiebeln in der Pfanne bei schwacher Hitze unter gelegentlichem Rühren ca. 15 Min. garen, bis sie weich sind. Braun sollen sie dabei nicht werden. Die Zwiebeln mit dem Essig ablöschen. Die Rosinen abtropfen lassen und untermischen. Zwiebeln mit Salz und Pfeffer abschmecken.

4 Sardinen lagenweise mit den Zwiebeln und den Pinienkernen in eine Schale füllen. Im Kühlschrank mind. 1 Tag ziehen lassen. Im Da Fiore lassen sie sie bis zu 4 Tage marinieren. Sie halten sich kühl gelagert bis zu einer Woche frisch.

5 Gegessen werden die Sardinen pur mit oder auf einem Stück Brot oder Polenta. Wer sie als secondo servieren möchte, reicht Polenta – als Brei oder als Schnitte gebraten – dazu.

BIS DI SAOR

ZWEIERLEI SÜSS-SAURE GEMÜSE

Der Beiname saor kommt von savor für eingekochten Most und auch von sapore und weist damit auf den intensiven Geschmack der Gerichte hin, die auf diese Weise zubereitet werden. Essig und manchmal auch Rosinen können ebenso mit von der Partie sein wie die etwas ungewöhnliche Prise Zimt.

Für 4 Personen
FÜR DEN RADICCHIO:
2 längliche Radicchio di Treviso
2 Knoblauchzehen
4 Lorbeerblätter
1 TL Wacholderbeeren
200 ml Weißweinessig
Salz
100 ml Olivenöl
FÜR DEN KÜRBIS:
1 Stück Kürbis (ca. 600 g)
5 EL Olivenöl
Salz
2 Zwiebeln
100 ml Prosecco oder trockener Weißwein
4 EL Zitronensaft
1 TL Zucker
Pfeffer
1 Prise Zimtpulver

Zubereitung ca. 45 Min. | Marinieren über Nacht
Pro Portion ca. 410 kcal

1 Den Radicchio von den äußeren welken Blättern befreien, waschen und der Länge nach vierteln.

2 Den Knoblauch schälen und halbieren, mit 1/2 l Wasser, den Lorbeerblättern, dem Wacholder und dem Essig in einen Topf geben. Die Mischung zum Kochen bringen und salzen. Die Radicchioviertel in den Sud legen und ca. 3 Min. darin garen.

3 Den Radicchio zusammen mit den Gewürzen mit einem Schaumlöffel aus dem Sud heben und in eine Schale geben. Den Radicchio abkühlen lassen, dann mit dem Öl begießen und über Nacht ziehen lassen.

4 Für das Kürbisgemüse die Kerne mit dem faserigen Fruchtfleisch aus dem Kürbis schaben. Den Kürbis schälen und in ca. 1 1/2 cm große Würfel schneiden. In einer Pfanne 4 EL Olivenöl erhitzen, den Kürbis einrühren, salzen und bei starker bis mittlerer Hitze 8–10 Min. braten, bis er gebräunt und bissfest ist. Häufig umrühren. In eine Schale füllen.

5 Die Zwiebeln schälen und in dünne Scheiben schneiden. Mit dem restlichen Öl in einer Pfanne bei schwacher Hitze ca. 15 Min. dünsten und weich garen, aber nicht braun werden lassen. Immer wieder durchrühren. Den Prosecco und den Zitronensaft dazugeben und kräftig aufkochen lassen. Die Zwiebeln mit dem Zucker, Salz und Pfeffer würzen und über dem Kürbis verteilen. Alles abkühlen und ebenfalls über Nacht ziehen lassen.

6 Vor dem Servieren Radicchio und Kürbis nochmals abschmecken. Über den Kürbis noch 1 kleine Prise Zimt stäuben. Die Gemüse mit knusprigem Brot servieren.

SPIENZA E CREMA DI MILZA

MILZ – ALS SALAT UND ALS CREME

Spezialitäten mit Innereien wie in diesem Rezept mit Milz sind besonders traditionsreiche cicheti, die man heute leider nur noch sehr selten findet. Wir haben sie im Fiore probieren können. Dort sind vor allem die Milzscheiben fast immer zu haben!

Für 4 Personen
500 g Kalbsmilz (beim Metzger vorbestellen!)
1 Möhre
1 Stange Staudensellerie
1 Zwiebel
Salz

FÜR DIE CREME:
1 Knoblauchzehe
4 Stängel Petersilie
1 Stück Bio-Zitronenschale (ca. 1 cm)
2 Sardellenfilets in Öl
2 dünne Scheiben Lardo di Collonata oder Pancetta
2 TL Olivenöl
Salz
Pfeffer
8–10 Scheiben Weißbrot

FÜR DEN SALAT:
Salz
Pfeffer
Weißweinessig und Olivenöl zum Beträufeln

Zubereitung ca. 20 Min. |
Garen ca. 45 Min. | Abkühlen mind. 1 Std.
Pro Portion ca. 370 kcal

1 Die Milz waschen und in einem Topf mit kaltem Wasser bedecken. Wasser zum Kochen bringen.

2 Die Möhre, den Sellerie und die Zwiebel schälen oder waschen, putzen und in grobe Stücke schneiden. Zur Milz in den Topf geben und die Flüssigkeit salzen. Die Milz bei halb aufgelegtem Deckel bei mittlerer Hitze ca. 45 Min. leicht kochen lassen. Im Sud in ca. 1 Std. abkühlen lassen.

3 Dann für die Creme etwa ein Drittel der Milz abschneiden, von der Haut befreien und so fein wie möglich schneiden. Den Knoblauch schälen, die Petersilie waschen und trocken schütteln, die Blättchen abzupfen. Zitronenschale waschen und abtrocknen. Die Sardellen abtropfen lassen und mit dem Knoblauch, der Petersilie, dem Lardo und der Zitronenschale sehr fein hacken. Mit dem Olivenöl unter die gehackte Milz rühren und alles mit Salz und Pfeffer abschmecken.

4 Für den Salat die restliche Milz in knapp 1 cm dicke Scheiben schneiden und auf einen oder vier kleine Teller legen. Die Milzscheiben mit etwas Essig beträufeln, salzen, pfeffern und etwas Olivenöl darüberlaufen lassen.

5 Die Brotscheiben leicht rösten und die Milzcreme darauf verteilen. Mit dem Salat auf den Tisch stellen.

RADICCHIO IN INSALATA CON ACCIUGHE

RADICCHIO-SARDELLEN-SALAT

Francesco – Besitzer des La Cantina – hört, dass wir den feinwürzigen Radicchio tardivo mit den lockeren länglichen Blattstangen lieben und fängt an, einen Salat zu mischen. Sieht toll aus, was er da in der Schüssel verrührt. Und der Salat wird von Francesco noch üppig garniert.

Für 4 Personen
1 länglicher Radicchio (am besten Radicchio tardivo)
10 fleischige Sardellenfilets in Öl
1 EL Olivenöl
Pfeffer
ZUM GARNIEREN (NACH BELIEBEN):
Wachteleier
Radieschenscheiben
Essiggurken
schwarze Oliven
Mozzarella
Scheiben von rohem Fisch
Sardellenfilets in Öl

Zubereitung ca. 20 Min.
Pro Portion (nur Salat) ca. 55 kcal

1 Den Radicchio in die einzelnen Blätter teilen, waschen, trocken tupfen und in ca. 1 cm breite Streifen schneiden. Sardellen abtropfen lassen, fein würfeln und in einer Schüssel mit dem Radicchio, dem Öl und Pfeffer mind. 5 Min. lang kräftig rühren, damit sich die Zutaten gut verbinden.

2 Nun entweder den Salat auf einem Teller anrichten und genießen, z.B. mit knusprigem Brot.

3 Wer sich von Francesco anregen lässt, setzt den Salat mit Hilfe eines kleinen Tortenrings in die Mitte eines großen Tellers. Salat gut hineindrücken, dann den Ring mit Schwung entfernen. Nun den Teller nach Belieben mit Wachteleiern, Radieschenscheiben, Essiggurken, schwarzen Oliven, Mozzarella, Scheiben von rohem Fisch und/oder Sardellen garnieren.

RADICCHIO IN INSALATA CON PESCE SPADA AFFUMICATO
Radicchiosalat mit geräuchertem Schwertfisch

Radicchio wie oben beschrieben vorbereiten. 2 EL Haselnusskerne in Scheiben schneiden und in einer Pfanne bei mittlerer Hitze leicht anrösten. Von 1 Orange die Schale so abschneiden, dass auch die weiße Haut mit entfernt wird. Das Fruchtfleisch zwischen den Trennhäuten herausschneiden und würfeln. 1 ½ EL Zitronensaft mit Salz und Pfeffer verrühren. 4 EL Olivenöl unterschlagen. Radicchiostreifen mit den Orangenwürfeln, den Nüssen und 2 EL Oliven sowie der Sauce mischen und auf Teller setzen. Mit je 2–3 dünnen Scheiben geräuchertem Schwertfisch belegen.

PIOVRA IN INSALATA

OKTOPUSSALAT MIT GEMÜSE

Ein cicheto, das in kaum einem venezianischen bacaro fehlt. Der typische Oktopussalat wird im Do Spade wie in unserem Rezept mal mit Paprika und Sellerie serviert und auch mal mit Kartoffelwürfeln oder gekochten Bohnen oder Kichererbsen vermischt.

Für 4–6 Personen
1 Oktopus (ca. 800 g)
½ Bio-Zitrone
2 Lorbeerblätter
2 Stangen Staudensellerie
je 1 rote und gelbe Paprikaschote
2 Knoblauchzehen (nach Belieben)
3 EL Zitronensaft
Salz
Pfeffer
6 EL Olivenöl

Zubereitung ca. 35 Min. | Garen ca. 1 Std.
Pro Portion (bei 6) ca. 220 kcal

1 Den Oktopus waschen, die Zitronenhälfte waschen und in Scheiben schneiden. Beides mit dem Lorbeer in einen Topf geben und mit Wasser bedecken. Wasser zum Kochen bringen. Oktopus bei schwacher Hitze bei halb aufgelegtem Deckel in ca. 1 Std. schön weich kochen (mit einem Messer einstechen) und im Sud abkühlen lassen.

2 Inzwischen den Sellerie waschen, putzen und in feine Scheiben schneiden. Die Paprikaschoten waschen, putzen und vierteln. Die Viertel in feine Streifen schneiden.

3 Den Oktopus aus dem Wasser heben und unter fließendem Wasser die violette Haut etwas abschrubben.

4 Oktopusarme und die weichen Teile vom Körper in feine Scheiben schneiden. Für die Sauce nach Belieben den Knoblauch schälen und sehr fein schneiden. Zitronensaft mit Salz, Pfeffer und Öl zu einer cremigen Sauce verschlagen. Knoblauch nach Belieben untermischen.

5 Oktopus mit Sellerie, Paprika und Sauce mischen, abschmecken und frisch servieren.

VERDURE RIPIENE
GEFÜLLTE GEMÜSE

Gemüse gehört in Venedig zu den cicheti wie der Fisch. Mal sind es schlicht geschmorte Artischockenböden, mal Auberginen mit Mozzarella überbacken oder kleine, feine Spezialitäten wie diese, die man in den bacari mit einem Zahnstocher serviert oder auf einem Tellerchen anbietet.

Für 4–6 Personen
FÜR DIE ZUCCHINIRÖLLCHEN:
3 Eier (Größe M)
1 dickerer Zucchino (ca. 300 g)
Salz
Pfeffer
4 EL Olivenöl
1 rote Paprikaschote
1 Zweig Thymian
1 EL schwarze Oliven
rosenscharfes Paprikapulver
FÜR DIE TOMATEN:
1 Scheibe Toast- oder Weißbrot vom Vortag
2 EL schwarze Oliven
1 EL Kapern (am besten in Salz eingelegt)
2 EL Olivenöl
2 EL frisch geriebener Parmesan
Salz
Pfeffer
8 größere Dattel- oder Kirschtomaten

Zubereitung ca. 1 Std. | Backen ca. 20 Min.
Pro Portion (bei 6) ca. 180 kcal

1 Für die Zucchiniröllchen die Eier in kochendem Wasser in ca. 8 Min. nicht ganz hart kochen, kalt abschrecken und abkühlen lassen. Inzwischen den Zucchino waschen, putzen und längs in 8 gut 1/2 cm dicke Scheiben schneiden. Scheiben salzen, pfeffern und portionsweise in 3 EL Öl in einer großen Pfanne auf beiden Seiten bei mittlerer bis starker Hitze ca. 2 Min. braten. Zucchini auf ein Küchenbrett legen und abkühlen lassen.

2 Die Paprikaschote waschen, putzen und sehr klein würfeln. Im restlichen Öl andünsten. Thymian waschen und trocken schütteln. Blättchen zu den Paprikawürfeln streifen. Paprika zugedeckt bei schwacher Hitze in 5–6 Min. bissfest garen und mit Salz und Pfeffer würzen.

3 Die Eier schälen und halbieren. Die Eigelbe herauslösen und mit einer Gabel zerdrücken. Die Eiweiße für ein anderes Gericht verwenden. Die Oliven vom Stein schneiden und hacken, mit dem Eigelb unter die Paprika mischen. Alles mit Salz und Paprikapulver abschmecken und auf den Zucchinischeiben verstreichen. Zucchinischeiben aufrollen und mit Zahnstochern feststecken.

4 Für die Tomaten den Backofen auf 200° vorheizen. Das Brot ca. 10 Min. in lauwarmem Wasser einweichen. Inzwischen die Oliven vom Stein schneiden und fein hacken. Kapern in Salz abspülen. Die Hälfte der Kapern fein schneiden.

5 Das Brot ausdrücken und fein zerpflücken, mit 1 EL Öl, dem Parmesan, den Oliven und den gehackten Kapern mischen. Masse mit Salz und Pfeffer abschmecken.

6 Die Tomaten waschen und halbieren. Die Brotmasse darauf verteilen und die Tomaten nebeneinander in eine feuerfeste Form setzen. Mit dem restlichen Öl beträufeln und im heißen Ofen (Mitte) ca. 20 Min. backen, bis sie gebräunt sind. Die Tomaten lauwarm oder ganz abkühlen lassen und mit den übrigen Kapern garniert servieren.

FRITTATA AGLI ASPARAGI

SPARGELOMELETT

Früher gab es in Venedig in jedem Haushalt eine eigene Pfanne, die nur für die Zubereitung von Frittata reserviert war: die farsora. Die Eisenpfanne hatte einen eher niedrigen Rand und einen dicken, vollkommen ebenen Boden. Darin wurde die Frittata schön braun ohne anzubrennen.

Für 4 Personen
500 g grüner Spargel
1 Zwiebel
2 Knoblauchzehen
1 Bund Petersilie
2 EL Olivenöl
Salz
Pfeffer
8 Eier (Größe M)
2 EL Butter

Zubereitung ca. 40 Min.
Pro Portion ca. 270 kcal

1 Den Spargel waschen und die holzigen Enden abschneiden. Die Stangen, falls nötig, am unteren Ende dünn schälen. Den Spargel in gut 2 cm lange Stücke schneiden.

2 Zwiebel und Knoblauch schälen und fein hacken. Die Petersilie waschen und trocken schütteln, die Blättchen fein hacken.

3 In einer mittelgroßen Pfanne das Öl erhitzen. Die Spargelstücke darin bei mittlerer Hitze unter Rühren 3–4 Min. braten. Zwiebel, Knoblauch und Petersilie untermischen und kurz mitdünsten. Mit Salz und Pfeffer würzen.

4 Die Eier gründlich verquirlen und mit Salz und Pfeffer würzen. Den Spargel untermischen. Die Butter in die Pfanne geben, Eiermasse hineingießen und bei schwacher Hitze ca. 10 Min. braten, bis sie an der Oberfläche fest wird.

5 Die Frittata auf einen Teller gleiten lassen und mit der ungebackenen Seite nach unten in die Pfanne stürzen. Die Frittata noch einmal ca. 10 Min. backen, bis sie schön gebräunt ist. Zum Servieren in Tortenstücke oder Würfel schneiden und evtl. mit Zahnstochern bestecken.

TIPP: Eine Frittata schmeckt mit fast jedem Gemüse der Saison: Kleine, zarte Artischocken nach dem Putzen in dünne Scheiben schneiden und in Olivenöl ca. 5 Min. braten. Bei Zucchini bzw. Kürbis jeweils 500 g klein würfeln und in Olivenöl bei starker Hitze braten, bis sie appetitlich gebräunt sind. Auch fein: Radicchio oder Spinat, kurz blanchiert und grob gehackt. Oder 150 g Asiago oder Montasio würfeln und mit Frühlingszwiebelringen unter die Eiermasse rühren.

CANNAREGIO UND DAS GHETTO
Geheimtipp abseits des Touristenstroms

Das Viertel Cannaregio liegt etwas abseits des Touristenstroms, entspannt und ziemlich verschlafen nördlich des Canal Grande. Aber zwei Sehenswürdigkeiten der stilleren Art lohnen auf jeden Fall einen Bummel durch seine ruhigen Gassen: das historische jüdische Ghetto und die Fondamente, die breiten Wege entlang der quer durch das Viertel gezogenen Kanäle. Und auch ein alter traditioneller *bacaro* liegt ganz in der Nähe: das Do Colonne.

Das Ghetto besitzt eine unverwechselbare Seele. Man kommt ihr am nächsten, wenn man ohne bestimmtes Ziel durch die Gasse des Ghetto Vecchio zum Campo Ghetto Nuovo spaziert, dabei die Augen und Ohren offenhält und sich für eine kleine Weile auf dem Campo auf eine Bank setzt. Diese Seele ist venezianisch auf eine ganz eigene Art: Wie in der ganzen Stadt erlebt man im Ghetto die Strenge der Abgeschlossenheit einerseits und eine schmelztiegelhafte Vernetzung mit der ganzen Welt andererseits. Die detaillierten Vorschriften über das koschere Essen und Trinken betonen den einen Pol, die Abgeschlossenheit, und bilden so eine unüberwindliche Schranke zur Tradition der *bacari*. Im Ghetto sucht man sie daher vergeblich. Trotzdem sollten Sie dieses Viertel nicht verpassen, das gepflegte jüdische Museum besuchen und vor allem an einer Führung durch die geheimnisvollen und geschichtsträchtigen Synagogen teilnehmen. Abwechselnd ist im Sommer jeweils eine andere für die religiösen Zeremonien geschlossen als im Winter.

Eine Brücke am Nordende des Campo Ghetto Nuovo führt Sie zu den drei parallelen Kanälen, die das ganze Viertel durchziehen. Sie sind Transport- und Versorgungswege: Baumaterial, Wein und der ganze Hausrat eines Umzugs, alles tuckert hier auf Schiffen und Kähnen an einem vorbei. Es herrscht Alltag, San Marco und die Touristen sind weit weg. Hier entschleunigt sich das Leben wie von selbst. Man spaziert wie die Einheimischen, bleibt stehen, schaut aufs Wasser und nicht auf die Uhr.

Die Wege entlang der Kanäle heißen Fondamente, gleich auf dem ersten, der Fondamenta Ormesini treffen wir auf einen bei der Jugend beliebten *bacaro*, das Al Timon. Links und rechts davon stehen die Tische verschiedener Ristoranti am Rand des Kanals. Nirgendwo in Venedig kann man so geruhsam speisen und den Tag ausklingen lassen wie hier. Aber Vorsicht: Nicht alles, was wortreich lockt, ist Gold! Wir empfehlen die traditionelle Trattoria all'Antica Mola und die Ostaria da Rioba mit einer etwas ausgefalleneren Küche.

Einen *bacaro* sollten Sie unbedingt noch besuchen: das Do Colonne. Er liegt nur ein paar Gehminuten entfernt am Südostrand des Ghetto.

DAS HISTORISCHE GHETTO
Viel Atmosphäre und Tradition

Die Venezianer waren zu allen Zeiten tüchtige Geschäftsleute, nüchtern und pragmatisch, und genau so war auch ihr Verhältnis zu den Juden. Diese konnten sich in der Stadt niederlassen, mussten dafür aber jede Menge Auflagen akzeptieren und vor allem bezahlen. Pogrome aber gab es nie. So wurde Venedig im Verlauf der Jahrhunderte zu einem Zufluchtsort für Juden aus ganz Europa und dem nahen Osten. Und es kamen ganze Wellen von Flüchtlingen in die Stadt: spanische, portugiesische, levantinische, französische, deutsche, polnische und viele andere mehr.

Mit einem Dekret von 1516 wurde ihnen eine kleine Insel im *sestiere* Cannaregio als Wohngebiet zugewiesen, das heutige Ghetto Nuovo. Hier, zusammengepfercht auf kleinstem Raum wuchs die Gemeinde. Und die Häuser wuchsen mit, vor allem in die Höhe, acht, neun Stockwerke hoch mit steilen Treppen, um Platz zu sparen, und niedrigen Zimmern, oft nicht mehr als 1,60 Meter hoch. Dazu kamen Schulen, Läden und bis zu neun Synagogen. Eine einzige Brücke führte ins Ghetto, und diese wurde nachts geschlossen. Das reiche und bunte Gemeinschaftsleben platzte bald aus allen Nähten und schon 1541 wurde das Ghetto Vecchio dazugeschlagen, das südlich anschließt und mit einer einzigen Tür ebenfalls geschlossen werden konnte.

DAS ERSTE GHETTO DER WELT
Das venezianische Ghetto ist das erste Ghetto der Welt, hier wurde der Begriff geprägt: Auf der kleinen Ghettoinsel wurden früher Geschütze gegossen. Das venezianische Wort *il getto* bedeutet Gießerei. Die älteste arbeitete im Ghetto Vecchio, und daher stammt auch der Name des Viertels.

Heute leben noch (oder wieder) etwa 200 Juden im Ghetto. Geschichte, Tradition und Gegenwart verbinden sich zu einer dichten Atmosphäre: Wir sehen die besondere Kleidung, die Haartracht, die unverständlichen Schriftzeichen und spüren eine lebendige, faszinierend fremde und doch einladende Welt.

EIN PLATZ ZUM VERWEILEN
Auf dem Campo Ghetto Nuovo kann man sich auf eine Bank setzen und stundenlang den Zaungast spielen. Welches Glück! Ein großer verkehrsfreier Platz, kaum Touristen, aber alles, was ein lebendiges Viertel ausmacht: Kinder mit Bällen, Skatebordes und Wasserpistolen, die dazugehörigen Mütter, lesend, rauchend, schwatzend, der Rabbiner würdig schreitend, Geschäftsleute wichtig diskutierend. Eine ganze Seite des Platzes nimmt das jüdische Altersheim in Anspruch. Es soll noch zehn Bewohner beherbergen. Kein Motorenlärm, nur Menschenstimmen und ein paar Vögel – wo gibt es das noch? Wir haben uns in den Platz verliebt.

Im jüdischen Museum kann man Führungen durch das Ghetto buchen und so auch die noch erhaltenen und zugänglichen Synagogen besuchen. Das sollten Sie auf keinen Fall verpassen. Machen Sie am Schluss noch einen Abstecher ins Ghetto Vecchio, wo Sie unweigerlich auf eine koschere Bäckerei mit wunderbarem Brot und köstlichem Gebäck aus Mandeln stoßen, den Panificio Volpe Giovanni. Sie werden vor der Abreise bestimmt nochmals zurückkommen.

Romantisch: Calle de Ghetto Vecchio. Die erleuchteten Fenster im Hintergrund gehören zu einer Synagoge.

CANNAREGIO UND DAS GHETTO IM ÜBERBLICK

DER SPAZIERGANG

Wenn Sie vom Bahnhof kommen, überqueren Sie den Canale di Cannaregio auf dem schönen Ponte delle Guglie und gehen dann nach links den Kanal entlang bis zum koscheren Ristorante Gamgam. Hier führt ein kleiner Durchgang in die schmale Gasse Calle del Ghetto Vecchio. Dieser Durchgang wurde früher jeden Abend geschlossen, die Türangeln sind noch sichtbar. Sie gehen hinein, immer geradeaus, an der koscheren Bäckerei Volpe Giovanni (eine kleine Stärkung einpacken) vorbei und gelangen über eine schmale Brücke auf den Campo Ghetto Nuovo (die Stärkung auspacken). In der Ecke rechts befindet sich das Museo Ebraico, wo man sich auch für Führungen durchs Ghetto anmelden kann (ab 10:30 Uhr jede Stunde, außer am Samstag und an jüdischen Feiertagen).

Auf der Nordseite des Campo führt eine Brücke über den Rio della Misericordia auf die Fondamenta degli Ormesini. Hier biegen Sie nach rechts ab und treffen nach wenigen Schritten auf den *bacaro* Al Timon. Und endlich! Die erste *ombretta* des Spaziergangs!

Dann laufen Sie geradeaus weiter und mit der nächsten Brücke wieder zurück über den Kanal. Sie sind jetzt auf dem Rio Terrà Farsetti, dem Sie bis auf einen weiten Platz folgen. Genau gegenüber am Anfang des schmalen Rio Terrà Cristo liegt auf der linken Seite das Do Colonne.

Im Ghetto taucht man ein in die beeindruckende Vergangenheit und lebendige Gegenwart der Juden in Venedig. Ein geruhsamer Spaziergang von ein bis zwei Stunden führt uns durchs Ghetto, über die Fondamente – das sind die breiten Wege, die auf einer Seite an den verschlafenen Kanälen entlang führen – und weiter zu den beiden hübschen und sehr charakteristischen *bacari* des Viertels. Wenn Sie die Führung durchs Ghetto einplanen, was wir sehr empfehlen, rechnen Sie noch etwa eine Stunde dazu.

❶ PANIFICIO VOLPE GIOVANNI

Eine koschere Bäckerei mit wunderbarem Brot und Mandelgebäck. Ein Einkauf dort lohnt sich.
Calle del Ghetto Vecchio 1143

❷ AL TIMON

Das Al Timon ist ein beliebter Treffpunkt der Jugend, laut und lebhaft, was aber die Generation der Väter am Stammtisch keineswegs stört. Direkt vor der Tür ist auch immer mindestens ein Kahn vertäut, auf dem man sich mit einem Glas und ein paar *cicheti* im Schneidersitz niederlassen kann.
Fondamenta degli Ormesini, Cannaregio 2754
Tel.: 0039 041 524 6066

❸ ENOTECA DO COLONNE

Hier fühlt man sich gleich wohl: Herzlich und einladend ist der Empfang, für den kleinen und auch größeren Hunger gibt es alles, was das Herz begehrt. Die Weinauswahl ist reich und gepflegt und das nur wenige Schritte von den Touristenströmen entfernt.
Rio Terrà Cristo, Cannaregio 1814/C
Tel.: 0039 041 524 0453

Cannaregio

FONDAMENTA DELLA SENSA

C. DELLA MALVASIA
C. ALBERAGNO
② FONDAMENTA DEGLI ORMESINI

CAMPO GHETTO NUOVO
Sinagoghe (Museo Ebraico)

CALLE DEGLI ORMESINI
C. FARNESE
C. NUOVA

C. DEL FORNO
Sinagoga
①
C. DEL GHETTO
C. DELLE CONTERIE
C. DELLA TIRACANNA
C. DELLA MASENA

SOTT. DEL POZZO
FONDAMENTA DI CANNAREGIO

Ghetto

CASE NUOVE
C. DELLA RABBIA

③ C. 110 DELL' ANCONETA

RIO TERRÀ SAN LEONARDO
RIO TERRÀ CRISTO

C. SORANZO
C. DELLA PAGLIA
C. COLONNA

FOND. LABIA
San Geremia

San Marcuola

Palazzo Flangini

Canal Grande

RIVA DI BIASIO

② AL TIMON

Wer am Feierabend die Fondamenta degli Ormesini und della Misericordia entlang schlendert und sich auf ein entspanntes Abendessen in einem der zahlreichen Restaurants freut, kommt unweigerlich auch am Al Timon vorbei. Es ist unübersehbar, denn innen und vor allem auch draußen auf der »Straße«, ja, bis auf die Decks der hier vertäuten Boote stehen, sitzen und drängeln sich die Besucher, jung neben arriviert und chic neben alternativ. Und drinnen in ihrer Ecke sitzen die »Honoratioren« des Viertels und verhandeln wohl Gott und die Welt.

Im Sommer spielt oft eine Band auf der Barke, verwöhnt die Gäste mit Blues und Jazz. Nach zwei Stunden werden die Instrumente aber wieder eingepackt, denn man will ja die Ruhe des friedlichen Viertels nur beleben und keinesfalls stören.

Hier holt man sich am Tresen die *ombra*, das Gläschen Weißen oder Roten, und man geht kein Risiko ein, denn jeder Wein ist gut: Ein eigener Prosecco und eine gepflegte Auswahl aus dem Friaul und der Toskana stehen bereit. Der Wein ist die Leidenschaft und das Hobby des Chefs Alessandro Biscontin. Ebenso beruhigend ist der Blick auf die *cicheti*, in Reihen und Bergen liegen sie verführerisch hinter Glas, ein Euro das Stück, kleine Häppchen, die den Appetit anregen, als perfektes Präludium für den »Ernst« des Abendessens in der Ostaria da Rioba oder in der Antica Mola. Die Zutaten sind eher einfach und kommen alle aus regionalen Betrieben. Alles wird frisch zubereitet, *acciughe* mit Rucola und Mascarpone, *soppressa di Valdobbiadene*, drei verschiedene Zubereitungen des *baccalà*, *polpette*, Zunge mit grüner Sauce und vieles mehr – das Angebot richtet sich auch nach der Jahreszeit.

Wer will, kann sich auch an einen Tisch setzen und etwas »Richtiges« bestellen. Vor allem die Fleischgerichte sind sehr zu empfehlen.

> DAS DO COLONNE IST EINE INSEL, GLEICH NEBEN DEM TOURISTENSTROM.

3 DO COLONNE

Die Enoteca Do Colonne liegt nur wenige Schritte von den breiten Trampelpfaden entfernt, über die sich die Ströme der Tagestouristen am Morgen vom Bahnhof Richtung Rialto und am Abend von Rialto zum Bahnhof wälzen. Und doch, hier findet man fast nur Einheimische. Fabio und Michele haben diesen alten *bacaro* im Januar 2003 übernommen oder, besser gesagt, neu eröffnet. Das alte Do Colonne fand nämlich im Nachbarhaus statt und musste schließen. Die beiden Säulen, *due colonne,* stehen zwar immer noch, jetzt allerdings in einer Boutique.

Fabio und Michele, die beiden neuen Säulen des Do Colonne, ergänzen sich perfekt. Fabio kümmert sich ums Essen. Und wird er darauf angesprochen, so kommt er gleich ins Schwärmen: Venezianische Spezialitäten für Venezianer will er anbieten. So gibt es drei verschiedene Gerichte mit *baccalà, musetto* (eine Wurst aus Kopffleisch vom Schwein, die drei Stunden kocht und mit Senf verspeist wird), im Winter die typische weiße Polenta, die viel feiner ist als die gelbe, mit den kleinen Krabben aus der Lagune, den *schie,* die köstlichen kleinen violetten Artischocken, die nur auf der Insel Sant'Erasmo gedeihen und dann noch ...

Am Tresen findet man eine riesige Auswahl an *cicheti*: *arancini di riso,* frittierte Reisbällchen, frittierten *baccalà,* frittierte Zucchiniblüten mit Sardellen und Mozzarella, *rosette,* Mini-Brötchen, mit allem darauf, was der Markt bietet und die Phantasie sich ausdenkt. Besonders stolz ist er auch auf seine Tramezzini. Ein Bäcker in der Nähe stellt speziell für das Do Colonne ein schmackhaftes dunkles Sandwichbrot her, das mit ein wenig Senf, Gemüse und Roastbeef belegt besonders gut schmeckt, auch mit rohem Schinken, Salami, Pancetta und Gemüse ist es hervorragend. Und jeden Mittag ist Full house. Für den ernsthafteren Hunger bereitet Fabio täglich mindestens ein warmes Gericht zu.

Michele ist der Weinfreak der beiden Partner. Er sei sehr pingelig, meint Fabio. Sein erklärtes Ziel sei, in ganz Italien die verborgenen Perlen der kleinen Weingüter zu entdecken, und diese Entdeckungen mit seinen Kunden zu teilen. Das macht die Weine preisgünstig und die Kunden neugierig. Man kommt, um sich überraschen zu lassen. Gegenwärtig bietet er etwa 70 verschiedene Weine an. Das Sortiment wechselt aber immer wieder, je nach Micheles Jagd- und Finderglück. Viele Weine sind glasweise erhältlich, die anderen verkauft er in der Flasche. Den Lieferanten seines *vino da casa* kennt er schon von Kindesbeinen an, es ist ein reeller und auch bekömmlicher Trinkwein.

Wenn Sie etwas ganz Besonderes verkosten wollen, fragen Sie nach seinem Fragolino. Er wird schmunzeln, behaupten, den gäbe es nicht und Ihnen ein Gläschen einschenken. Dieser wunderbar erdbeerduftige Wein aus amerikanischen Reben darf nach EU-Gesetzen zwar produziert, nicht aber verkauft werden.

Cannaregio und Ghetto

PROSECCO, SPRITZ UND BELLINI
Glitzernde Perlen sorgen für ein kleines Feuerwerk im Glas

PROSECCO

Mit seiner unkomplizierten, frischen und doch eleganten Art wurde der Prosecco in den letzten Jahren zu Everybodys darling. Seine Perlen strahlen im Licht des Vormittags genau so schön wie in der blauen Stunde am frühen Abend, sie regen an und heben die Stimmung. In den *bacari* Venedigs ist er omnipräsent genauso wie in allen Bars rund um den Globus. Nur hier sind wir praktisch in seiner Heimat. Der Kern des Anbaugebiets liegt nämlich nördlich von Venedig in der Provinz Treviso rund um die Gemeinden Conegliano und Valdobbiadene, und nur hier darf er sich auch DOCG nennen. Das ist die höchste Würde in der italienischen Weinhierarchie. In einem viel weiteren Gebiet, das sich bis ins Friaul hinein erstreckt, besitzt er immer noch den Status eines DOC-Weins. Doch wen kümmern diese Spitzfindigkeiten am Tresen eines *bacaro*? Wir vertrauen dem Wirt, dass er etwas Ordentliches ausgewählt hat, und wir werden kaum enttäuscht; auch außerhalb der DOCG-Zone arbeiten hingebungsvolle Winzer und produzieren saubere Weine, die wir mit Vergnügen genießen.

SPRITZ

Ich erinnere mich an einen Nachmittag vor dem *bacaro* Al Mercà beim Markt von Rialto. Die Sonnenstrahlen fielen schräg auf das Pflaster, die Luft war frisch und über den ganzen Platz verstreut standen Leute mit einem Glas Spritz in der Hand. Das Licht verfing sich in den Gläsern und ließ sie leuchten wie Weihnachtskugeln. Sicher, der Duft und der spezielle Geschmack des Spritz sind schon eine kleine Versuchung, aber erst die leuchtende Farbe macht ihn unwiderstehlich. Jeder Barmann und jeder Wirt mixt ihn etwas anders. In der Regel bildet ein stiller Weißwein (oft wird auch Prosecco gewählt) mit Mineralwasser die Basis, dazu kommen ein Schuss Aperol, Campari oder Cynar und natürlich einige klingelnde Eiswürfel und eine Scheibe Orange oder Zitrone. Am schönsten sieht der Spritz aus, wenn er in einem großen bauchigen Glas serviert wird. Die Heimat des Spritz liegt hier in Venedig, wohin ihn vielleicht die Österreicher als Gspritzten gebracht haben. Die Venezianer nennen ihn auch Sprizz oder Veneziano.

BELLINI

Um die Entstehung des Bellini ranken sich Mythen und Legenden. Als sicher gelten aber sein Geburtsort und Erfinder: Giuseppe Cipriani soll ihn irgendwann in den 1930er Jahren in Harry's Bar kreiert haben. Ernest Hemingway, Orson Wells und jede Menge anderer Prominenz haben ihn geliebt, was wir absolut verstehen können. Man mixt ihn aus dem pürierten Fleisch weißer Pfirsiche und eiskaltem Prosecco oder Champagner. Wie er allerdings zu seinem schönen Namen kam, bleibt wohl immer ein Rätsel. Uns gefällt die Geschichte, dass die Farbe seiner Kreation Giuseppe Cipriani an das Gewand eines Heiligen auf einem Gemälde des venezianischen Malers Giovanni Bellini erinnert habe. Wenn Sie den Heiligen finden, spendieren wir Ihnen einen Bellini.

RADICCHIO AL FORNO

RADICCHIO AUS DEM OFEN

In der Gegend von Treviso wächst der beste – und teuerste – Radicchio Italiens, der fein-aromatische Radicchio tardivo mit den langen schlanken Blättern, die nur locker geschlossene Stauden statt Köpfe bilden. Als Ersatz nehmen Sie Radicchio di Treviso mit den langen Blättern.

Für 4 Personen
FÜR DEN SPECK-RADICCHIO:
Salz
8 größere Radicchioblätter (ausnahmsweise vom runden Kopf)
Pfeffer
einige Rucola- oder Basilikumblätter
2 Knoblauchzehen (nach Belieben)
50 g dünne Scheiben Pancetta oder Coppa
2 EL Olivenöl
FÜR DEN KÄSE-RADICCHIO:
Salz
2 längliche Radicchio (am besten Radicchio tardivo)
Pfeffer
200 g Asiago- oder Montasiokäse
2 EL Olivenöl
4 EL Aceto balsamico
1 EL Zucker

Zubereitung ca. 40 Min.
Pro Portion ca. 355 kcal

1 Für beide Rezepte den Backofen auf 220° vorheizen.

2 In einem Topf Wasser zum Kochen bringen und salzen. Für den Speck-Radicchio die Radicchioblätter waschen und im kochenden Salzwasser zusammenfallen lassen. In einem Sieb kalt abschrecken und abtropfen lassen. Blätter auf der Arbeitsfläche ausbreiten.

3 Den Rucola oder das Basilikum verlesen, dicke Stiele abschneiden. Blätter waschen und trocken schütteln. Nach Belieben den Knoblauch schälen. Kräuter und evtl. auch den Knoblauch fein hacken. Mischung leicht salzen und pfeffern und auf den Radicchioblättern verteilen.

4 Die Radicchioblätter einzeln aufrollen, mit den Pancetta- oder Coppascheiben umwickeln und nebeneinander in eine feuerfeste Form legen. Mit dem Olivenöl beträufeln und im Ofen (Mitte) ca. 12 Min. backen, bis der Speck leicht knusprig ist. Röllchen warm oder lauwarm servieren.

5 Für den Käse-Radicchio erneut Wasser zum Kochen bringen und salzen. Inzwischen die beiden Radicchio putzen, waschen und der Länge nach halbieren. Die Radicchiohälften im kochenden Salzwasser 2 Min. blanchieren, in einem Sieb kalt abschrecken und abtropfen lassen. Mit der Schnittfläche nach oben in eine feuerfeste Form setzen, salzen und pfeffern.

6 Den Käse in dünne Scheiben schneiden und jeweils auf dem Radicchio verteilen. Das Öl darüberträufeln und den Radicchio im heißen Ofen 12–15 Min. garen, bis der Käse zerlaufen und leicht braun ist.

7 Inzwischen den Balsamico mit dem Zucker in einem Topf aufkochen und in 1 Min. auf knapp die Hälfte einkochen lassen. Mit Salz und Pfeffer würzen. Käse-Radicchio vor dem Servieren mit dem Balsamicosirup beträufeln.

POLPETTE

FRITTIERTE FLEISCH- UND AUBERGINENBÄLLCHEN

Ob aus Fleisch oder Fisch, Gemüse, Reis oder einfach nur aus Brot und Käse: Polpette gehören zu den beliebtesten cicheti aller bacari. Einfach in der Serviette in die Hand nehmen und abbeißen. So hat man die andere Hand für die ombra zur Verfügung.

Für 6–8 Personen

FÜR DIE FLEISCHBÄLLCHEN:

2 Scheiben Toast- oder Weißbrot vom Vortag
⅛ l Milch
50 g Mortadella
½ Bund Petersilie
1 kleine Zwiebel
300 g gemischtes Hackfleisch
1 Ei (Größe M)
50 g frisch geriebener Parmesan
Salz
Pfeffer
frisch geriebene Muskatnuss
100 g Semmelbrösel

FÜR DIE GEMÜSEBÄLLCHEN:

4 Scheiben Toast- oder Weißbrot vom Vortag
200 ml Milch
1 Aubergine (ca. 300 g)
1 getrocknete Chilischote
2 Zweige Thymian
2 Knoblauchzehen
2 EL Olivenöl
Salz
2 getrocknete, in Öl eingelegte Tomaten
1 Ei (Größe M)
50 g frisch geriebener Parmesan
100 g Semmelbrösel

AUSSERDEM:

¾ l Olivenöl oder neutrales Öl zum Frittieren

Zubereitung ca. 1 Std. 20 Min.
Pro Portion (bei 8) ca. 425 kcal

1 Für die Fleischbällchen das Brot von der Rinde befreien und in der Milch ca. 10 Min. einweichen. Inzwischen die Mortadella fein schneiden. Die Petersilie waschen, trocken schütteln und die Blättchen ebenfalls sehr fein hacken. Die Zwiebel schälen und ebenfalls sehr fein zerkleinern.

2 Das Brot ausdrücken, fein zerpflücken und mit dem Hackfleisch, dem Ei, der Mortadella, der Petersilie, der Zwiebel und dem Käse in eine Schüssel geben und mit Salz, Pfeffer und Muskat kräftig abschmecken. Alles zu einem gut gebundenen Teig verkneten, zu gut walnussgroßen Bällchen formen und in den Semmelbröseln wälzen.

3 Für die Gemüsebällchen das Brot von der Rinde befreien und in der Milch ca. 10 Min. einweichen. Inzwischen die Aubergine waschen, putzen und in kleine Würfel schneiden. Chili fein zerkrümeln. Den Thymian waschen und trocken schütteln, die Blättchen von den Stielen streifen. Den Knoblauch schälen und fein hacken.

4 2 EL Öl in einer Pfanne erhitzen. Auberginenwürfel darin bei mittlerer Hitze ca. 10 Min. braten, dabei immer wieder durchrühren. Chili, Knoblauch und Thymian dazugeben und alles kurz weiterbraten. Mit Salz abschmecken.

5 Die Tomaten abtropfen lassen und fein schneiden. Das Brot ausdrücken, fein zerpflücken und mit den Tomaten, dem Ei und dem Käse zu den Auberginen geben. Alles zu einem gut gebundenen Teig verkneten und zu gut walnussgroßen Bällchen formen. In den Semmelbröseln wälzen.

6 Das Öl zum Frittieren in einem Topf sehr gut erhitzen. Die Auberginen- und Fleischbällchen jeweils portionsweise im heißen Fett in ca. 4 Min. knusprig frittieren. Mit einem Schaumlöffel herausheben und auf Küchenpapier abtropfen lassen. Zwischen den einzelnen Portionen das Fett jeweils wieder gut heiß werden lassen. Die Bällchen möglichst gleich servieren.

POLPETTE DI PESCE

FISCHBÄLLCHEN

In den meisten bacari werden die saftigen Fischbällchen mit Thunfisch aus der Dose gemacht, manchmal bekommt man sie aber auch wie hier aus frischem Fisch – eine echte Köstlichkeit, die Sie unbedingt mal probieren sollten!

Für 4 Personen
3 Scheiben Toast- oder Weißbrot vom Vortag
⅛ l trockener Weißwein
50 g Pistazienkerne
2 Frühlingszwiebeln
2 Knoblauchzehen
½ Bio-Zitrone
½ Bund Petersilie
400 g Fischfilet ohne Haut (z. B. Barsch oder Brasse)
1 Ei (Größe M)
Salz
Pfeffer
¾ l Olivenöl oder neutrales Öl zum Frittieren

Zubereitung ca. 1 Std. 10 Min.
Pro Portion ca. 330 kcal

1 Das Brot in einer Schüssel mit dem Wein begießen und einweichen. Die Pistazienkerne fein reiben. Die Frühlingszwiebeln waschen, putzen und sehr fein schneiden

2 Das Brot ausdrücken, fein zerpflücken und mit den Pistazien und den Zwiebeln in eine Schüssel geben. Knoblauch schälen und dazupressen. Zitronenhälfte waschen und abtrocknen, Schale fein abreiben. Die Petersilie waschen und trocken schütteln, Blättchen fein schneiden. Das Fischfilet kalt abspülen und trocken tupfen. Erst in Würfel schneiden, dann mit einem großen schweren Messer so fein wie möglich hacken.

3 Fisch mit Zitronenschale, Petersilie und Ei zum Brot geben und salzen und pfeffern. Alles zu einem gut gebundenen Teig verkneten und zu gut walnussgroßen Bällchen formen.

4 Das Öl zum Frittieren in einem Topf sehr gut erhitzen. Die Bällchen jeweils portionsweise im heißen Fett in ca. 4 Min. knusprig frittieren. Mit einem Schaumlöffel herausheben und auf Küchenpapier abtropfen lassen. Zwischen den einzelnen Portionen das Fett jeweils wieder gut heiß werden lassen. Die Bällchen möglichst gleich servieren.

POLPETTE DI TONNO
Thunfischbällchen

100 g Risottoreis mit ¼ l Gemüsebrühe erhitzen, zugedeckt bei schwacher Hitze ca. 20 Min. garen, dann auskühlen lassen. 200 g Thunfisch in Olivenöl (aus der Dose) abtropfen lassen und mit 1 EL Kapern und 1 EL Petersilienblättchen sehr fein hacken. Mit 1 Ei, 2 gepressten Knoblauchzehen und 1 getrockneten, zerbröselten Chili zum Reis geben, salzen und sehr gut vermischen. Zu gut walnussgroßen Bällchen formen, in Semmelbröseln wälzen und in heißem Öl knusprig frittieren.

FLAN DI PORCINI
STEINPILZ-FLAN

Im bacaro da Carla unweit des Markusplatz steht fast täglich ein Flan auf der Karte, den die drei Inhaberinnen als feine Vorspeise anbieten oder als »Belag« für die phantasievollen cicheti aus Polenta verwenden, die in der Glasvitrine zum Probieren verlocken.

Für 4 Personen
20 g getrocknete Steinpilze
1 Zwiebel
2 Knoblauchzehen
½ Bund Petersilie
1 EL Butter
Salz
Pfeffer
2 Eier (Größe M)
100 g Sahne
Butter für die Förmchen
4 Förmchen von je ca. 200 ml Inhalt

Zubereitung ca. 30 Min. |
Einweichen ca. 30 Min. | Garen ca. 40 Min.
Pro Portion ca. 170 kcal

1 Die Steinpilze in einer Schüssel mit lauwarmem Wasser bedecken und ca. 30 Min. quellen lassen.

2 Dann aus der Einweichflüssigkeit nehmen, abtropfen lassen und klein würfeln. Die Zwiebel und den Knoblauch schälen und fein hacken. Die Petersilie waschen und trocken schütteln, die Blättchen abzupfen und fein schneiden.

3 Butter in einem Topf schmelzen, Zwiebel, Knoblauch und Pilze darin andünsten. Die Petersilie untermischen. Von der Pilzflüssigkeit 50 ml abmessen und zu den Pilzen geben. Alles mit Salz und Pfeffer würzen und zugedeckt bei schwacher Hitze ca. 10 Min. schmoren.

4 Den Backofen auf 150° vorheizen. Die Förmchen leicht buttern und in die Fettpfanne des Backofens oder in eine feuerfeste Form stellen.

5 Die Pilzmischung fein pürieren. Die Eier einzeln unter das Püree mischen. Die Sahne ebenfalls einrühren und alles mit Salz und Pfeffer abschmecken.

6 Die Mischung auf die Förmchen verteilen. So viel heißes Wasser in die Fettpfanne oder Form gießen, dass die Förmchen zur Hälfte darin stehen. Im heißen Ofen (unten) ca. 40 Min. garen, bis die Flans fest sind. 5–10 Min. stehen lassen, vom Rand lösen und vorsichtig auf Teller stürzen. Warm oder abgekühlt schmecken lassen.

FIORI DI ZUCCA FRITTI
GEBACKENE KÜRBISBLÜTEN

Statt der großen Kürbisblüten können Sie für diese feinen cicheti auch die dünneren und längeren Zucchiniblüten nehmen. Falls kleine, zarte Zucchini daranhängen, diese einfach mehrmals längs einschneiden und mit ausbacken.

Für 4 Personen
12 Kürbisblüten
100 g Mehl
1 Ei (Größe M)
100 ml Milch
Salz
Pfeffer
¾ l Olivenöl zum Frittieren
grobes Salz und Zitronenschnitze zum Garnieren

Zubereitung ca. 20 Min.
Pro Portion ca. 215 kcal

1 Die Kürbisblüten vorsichtig mit einem Pinsel säubern, den Blütenstempel aus der Mitte der Blüten mit einem Messer herausschneiden.

2 Das Mehl mit dem Ei und der Milch gut verquirlen und den Teig mit Salz und Pfeffer leicht würzen.

3 Das Öl zum Frittieren in einem Topf sehr gut erhitzen. Die Kürbisblüten einzeln durch den Teig ziehen und portionsweise ins heiße Fett gleiten lassen. Die Blüten in 2–3 Min. knusprig frittieren, mit einem Schaumlöffel aus dem Fett heben und auf Küchenpapier kurz abtropfen lassen. Mit etwas grobem Salz bestreuen und heiß mit Zitronenschnitzen servieren.

FIORI DI ZUCCHINE FARCITE
Gefüllte Zucchiniblüten

1 Kugel Mozzarella (125 g) abtropfen lassen und in sehr kleine Würfel schneiden. 6 Sardellenfilets in Öl ebenfalls abtropfen lassen und fein schneiden. 1 kleines Stück Bio-Zitronenschale (ca. 1 cm) waschen, abtrocknen und fein hacken. Mit Mozzarella und Sardellen mischen, leicht salzen und pfeffern. 12 Zucchiniblüten wie oben beschrieben vorbereiten. Die Mozzarellamischung in den Blüten verteilen. Die Blüten oben gut zusammendrehen, durch den Teig (wie oben beschrieben) ziehen und im heißen Öl knusprig frittieren.

MELANZANE FRITTE

FRITTIERTE GEFÜLLTE AUBERGINEN

Im bacaro La Ciurma sind vor allem klassische cicheti im Angebot – aber je nach Jahreszeit bereiten Marco und seine Frau Anapaula auch immer etwas Besonderes zu. Im Sommer sehr gerne mit Auberginen, die dann besonders viel Sonne und Aroma tanken konnten.

Für 4 Personen
1 Aubergine (ca. 400 g)
Salz
2 Tomaten
4 getrocknete, in Öl eingelegte Tomaten
½ Bund Basilikum
2 Knoblauchzehen
Pfeffer
1 Kugel Mozzarella (125 g)
40 g frisch geriebener Parmesan
2 EL Mehl
¾ l Olivenöl zum Frittieren
Zahnstocher zum Feststecken

Zubereitung ca. 40 Min.
Pro Portion ca. 290 kcal

1 Die Aubergine waschen, putzen und in knapp 1 cm dicke Scheiben schneiden. Die Auberginenscheiben mit Salz bestreuen und ca. 10 Min. ziehen lassen.

2 Inzwischen aus den Tomaten die Stielansätze herausschneiden. Die Tomaten mit kochendem Wasser überbrühen, kurz ziehen lassen, kalt abschrecken und häuten. Die Tomaten halbieren, entkernen und fein würfeln. Die getrockneten Tomaten ebenfalls fein schneiden.

3 Das Basilikum waschen und trocken schütteln, die Blättchen fein schneiden. Den Knoblauch schälen und dazupressen. Die frischen und getrockneten Tomaten untermischen und alles mit Salz und Pfeffer abschmecken. Den Mozzarella abtropfen lassen und in dünne Scheiben schneiden.

4 Die Auberginenscheiben mit Küchenpapier trocken tupfen. Die Hälfte der Scheiben mit der Hälfte des Parmesans bestreuen, mit Mozzarellascheiben belegen und mit der Tomatenmischung bedecken, dabei rundherum einen Rand frei lassen. Die Tomatenmischung mit dem restlichen Parmesan bestreuen.

5 Die Auberginenränder mit etwas Mehl bestäuben, die übrigen Auberginenscheiben auflegen und die Ränder gut zusammendrücken. Die Auberginen an jeweils zwei Seiten vorsichtig mit Zahnstochern zusammenstecken, möglichst nah am Rand. Auberginen von beiden Seiten im Mehl wenden, überschüssiges Mehl abschütteln.

6 Das Öl zum Frittieren in einem Topf sehr gut erhitzen. Die Auberginen in zwei bis drei Portionen im heißen Fett in ca. 3 Min. knusprig frittieren. Dabei jeweils nach etwa der Hälfte der Zeit wenden. Die Auberginen mit dem Schaumlöffel aus dem Fett heben und auf Küchenpapier gut abtropfen lassen. Auberginen warm servieren.

BACCALÀ FRITTO

FRITTIERTER STOCKFISCH

Obwohl stets frischer Fisch zu haben ist, lieben alle Venezianer ihren baccalà – wohl, weil er ein ganz besonderes Aroma zu bieten hat. Hier wird er nach dem Einweichen und Kochen knusprig frittiert und mit einer würzigen Sauce serviert.

Für 6 Personen
500 g Baccalà (Stockfisch; eingesalzener Kabeljau)
2 Möhren | 2 Zwiebeln
3 Stangen Staudensellerie
½ l trockener Weißwein
2 Lorbeerblätter
1 TL schwarze Pfefferkörner
2 Eier (Größe M)
1 Bund Petersilie
1 EL Kapern (am besten in Salz eingelegt)
1 Sardellenfilet in Öl
1 ½ EL Zitronensaft
5 EL Olivenöl
Salz | Pfeffer
100 ml Milch
2 geh. EL Mehl
¾ l Öl zum Frittieren

Wässern ca. 2 Tage | Zubereitung ca. 45 Min. | Garen ca. 45 Min.
Pro Portion ca. 405 kcal

1 Den Fisch mit kaltem Wasser bedecken und 48 Std. quellen lassen, dabei das Wasser mehrmals wechseln.

2 Dann die Möhren und die Zwiebeln schälen, 2 Selleriestangen waschen und putzen. Das Gemüse und die Zwiebeln grob schneiden und mit 2 1/2 l Wasser und dem Weißwein zum Kochen bringen. Die Lorbeerblätter und Pfefferkörner dazugeben, den Fisch einlegen und bei halb aufgelegtem Deckel und schwacher Hitze ca. 45 Min. garen, bis er schön weich ist. Den Baccalà im Sud abkühlen lassen.

3 Inzwischen 1 Ei in ca. 10 Min. hart kochen, kalt abschrecken und ebenfalls abkühlen lassen. Die Petersilie waschen und trocken schütteln. Die Blättchen abzupfen. Kapern in Salz abspülen. Petersilie mit den Kapern und dem Sardellenfilet sehr fein hacken. Ei schälen, das Eiweiß ablösen und sehr fein schneiden. Das Eigelb mit einer Gabel zerdrücken und mit ca. 1 EL Fischkochwasser und dem Zitronensaft verrühren. Das Öl nach und nach unterschlagen, bis eine cremige Sauce entsteht. Die Petersilienmischung und das Eiweiß einrühren und die Sauce mit Salz und Pfeffer abschmecken.

4 Für den Frittierteig das übrige Ei mit der Milch und dem Mehl zu einem glatten Teig verrühren. Den Teig mit Salz und Pfeffer abschmecken.

5 Baccalà aus dem Sud heben, von Haut und allen Gräten befreien und in mundgerechte Stücke teilen – oft zerfällt er dabei ein bisschen, aber das macht nichts.

6 Das Öl zum Frittieren in einem Topf sehr gut erhitzen. Die Fischstücke portionsweise in den Teig legen, mit einer Gabel herausfischen und im heißen Öl in 3–4 Min. knusprig frittieren. Frittierten Fisch mit dem Schaumlöffel herausheben, auf Küchenpapier abtropfen lassen und frisch mit der Sauce und knusprigem Weißbrot servieren.

Cicheti warm serviert

SAN MARCO
Magie und Kommerz

Wen wundert's, dass wir in der näheren Umgebung von San Marco nur einen einzigen *bacaro* aufgestöbert haben, der in der Wüste der Schnellimbisse, Billigpizzerien und *menu turistico a prezzo fisso* überlebt hat, das Da Carla? Dieses Stadtviertel ist fest in der Hand der Tourismusindustrie, die Venezianer selbst verschlägt es kaum aus ihren ruhigen Wohnquartieren in den täglichen Wahnsinn rund um den Markusplatz.

EIN IMPONIERENDER PLATZ
Und doch: Die *piazza* bleibt die *piazza* und die *piazzetta* die *piazzetta*. Ihre magische Ausstrahlung bleibt unsterblich, sie hat Jahrhunderte überdauert und schlägt auch heute noch jeden in den Bann, der hier ankommt. Und genau das war schon immer ihr Zweck. Hier lebten nicht die Venezianer. Nein, hier gingen die Fremden an Land, Gesandte fremder Staaten, Kaufleute, Gegner und Freunde der *serenissima*, und ihnen wollte man imponieren. Die Venezianer selbst hatten da nichts verloren. Ein Venezianer, mit dem wir im Al Timon geplaudert haben, meinte, dass in Cannaregio zahlreiche alte Leute leben, die seit Jahren und Jahrzehnten nicht mehr auf dem Markusplatz waren.

DAS EINGANGSPORTAL DER STADT
Der Markusplatz öffnet sich wie ein Trichter hin zum Meer, von dort her und durch ihn hindurch erreichten alle Reisenden früher die Stadt. Er ist ihr logisches Eingangsportal, und auch der moderne Tourist sollte sich dieses Erlebnis nicht nehmen lassen.

Der Bahnhof im Norden ist nur die Hintertür, und genau so sieht er auch aus. Daher unsere Empfehlung an jeden Besucher: Steigen Sie am Bahnhof in ein Vaporetto, schließen Sie die Augen und öffnen Sie sie erst wieder, wenn Sie sich dem Markusplatz nähern. Geben Sie so dieser unvergleichlichen Stadt die Gelegenheit, Sie auf ihre ebenso unvergleichliche Weise zu empfangen. Aber, vergessen Sie nicht, dieser Platz ist nur die Tür! Die eigentliche Stadt beginnt dahinter und da wollen wir hin.

Nördlich des Markusplatzes schließen sich Stadtteile an, die mehr von Geschäften und Büros belebt sind als vom Alltagsleben der Venezianer. Trotzdem lohnt sich ein Bummel quer durchs Viertel. Und je weiter man vordringt, umso geruhsamer wird das Leben. Nahe beim Campo Santo Stefano haben wir ein echtes Kleinod gefunden: die Trattoria da Fiore, die einen langen Umweg lohnt. Aber Achtung! Die Trattoria bitte nicht verwechseln mit dem teuren Ristorante Da Fiore in San Polo.

Acqua alta: die Piazzetta bei Hochwasser.

DORSODURO UND SANTA CROCE
Hier wohnen, studieren und flanieren die Venezianer

Dorsoduro bildet so etwas wie eine Halbinsel zwischen Canal Grande und Canale della Giudecca. Man kommt von San Marco zu Fuß nur über eine einzige Brücke hinüber, den Ponte dell'Accademia, und findet sich nach dem Trubel des Canal Grande plötzlich wie in einer anderen Welt, in einem ruhigen, ja beschaulichen Wohnquartier, in das sich als farbige Tupfer die Studenten der Università Cà Foscari mischen. Stünden da nicht zwei »Achttausender« der Weltkunst, Dorsoduro wäre Erholung pur. Aber mit der Galleria dell'Accademia, in der man die Entwicklung der venezianischen Malerei an großartigen Meisterwerken studieren kann, und der Peggy Guggenheim Collection, die der modernen Kunst gewidmet ist, besitzt Dorsoduro zwei hochkarätige Trümpfe im touristischen Angebot der Stadt.

Den Massentourismus kümmert das allerdings wenig, er bevorzugt eher die andere, dem Canale della Giudecca zugewandte Seite des Viertels. Hier, auf den breiten Promenaden der Zattere, flanieren neben den gewöhnlichen Sterblichen auch die sogenannten Schönen und Reichen, die sich auf den großen Kreuzfahrtschiffen bis vor die Tore der Stadt fahren lassen.

EINE GONDELWERKSTATT IM ZENTRUM

Spaziert man auf den Zattere einfach so vor sich hin, dann muss (!) man beim Rio di San Trovaso nach rechts abbiegen. Auf dem gegenüberliegenden Ufer des Rio erhascht man nämlich einen Blick in die abgeschirmte Welt des Squero di San Trovaso, dem letzten Gondelbauer im Zentrum der Stadt. Genau gegenüber sitzt man wie auf einem Logenplatz in der Osteria Alsquero. Deren Lage kann nicht getoppt werden: Wie durch ein riesiges Schaufenster blickt man direkt in die Gondelwerkstatt.

DER TRAUM DES PROFESSORS

Ubaldo Rizzi hat sich hier Ende 2011 einen Lebenstraum erfüllt. Nach einem Leben als Professor für Didaktik kaufte er sich dieses leer stehende Lokal und richtete darin einen *bacaro* ein. Sein Anspruch: Man soll hier sitzen können und in Ruhe Zeitung lesen oder in einem Buch blättern. Die Qualität muss stimmen und der Preis auch, für ihn und den Gast. Es ist gemütlich im Alsquero: Zeitungen liegen auf dem Tisch, auf einem Bücherbord findet man alles über Gondeln, Venedig und vieles mehr. Die Zutaten zu den *cicheti* sucht er bei kleinen Betrieben persönlich aus und im Regal steht kein Wein, dessen Produzenten er nicht kennt. Der Herr Professor hat sogar schon die erste Sommelier-Prüfung bestanden. Das Alsquero ist ein Traum, man wünscht sich und Ubaldo, dass er nicht platzen möge.

Geht man noch einige Schritte weiter am Kanal entlang, so trifft man auf einen Leit- und Fixstern der venezianischen *bacaro*-Kultur, die Enoteca Già Schiavi.

VERIRREN ERWÜNSCHT!

Immer wieder wird empfohlen: Wenn du Venedig kennenlernen willst, so verirre dich in den Gassen und Sackgassen, im Gewirr von Brücken und Kanälen und halte dabei die Augen, Ohren und vor allem auch die Nase offen. Sie führen dich zwar nicht dorthin, wo du hin wolltest, aber trotzdem kommst du ans Ziel, zum Venedig, das noch den Venezianern gehört. Genau deshalb schicken wir Sie von Dorsoduro durch ein Labyrinth von Gassen und Kanälen bis zum etwas entlegenen *bacaro* Da Lele im *sestiere* Santa Croce. Nehmen Sie unbedingt einen Stadtplan mit, er wird Ihnen helfen, sich zuverlässig noch etwas hoffnungsloser zu verirren. Viel Spaß!

GONDELN: ELEGANZ IN SCHWARZ

Das beliebteste Fotomotiv der Stadt

Gehörte es im 16. Jahrhundert noch zum guten Ton, mit der familieneigenen Gondel durch die Stadt zu gleiten, weigert sich ein echter Venezianer heute eher, eine zu besteigen. Und so sind nicht mehr 10 000 Gondeln auf den Kanälen Venedigs unterwegs, sondern nur noch um die 450, die fast ausschließlich Touristen durch die Wasserstraßen geleiten.

GANZ IN SCHWARZ

So farbig und auffallend waren die Gondeln im 16. Jahrhundert zum Teil, dass es einem Dogen buchstäblich zu bunt wurde. 1562 entschied er, dass alle Gondeln schwarz lackiert werden müssen. Eine Vermutung: Die Gondeln sollten nicht von der Pracht der Stadt ablenken. Eine andere: Die schlichte Farbe sollte gegen die Neidgefühle auf die prunkvolle *gondola* des Nachbarn vorbeugen.

FORMVOLLENDET

Zehn, fünfzehn Meter lang, 1,40 m breit und um die 350 kg schwer ist eine traditionell gebaute Gondel. Das Besondere: Sie ist asymmetrisch gebaut, auf der rechten Seite ist sie 24 cm schmaler. Das hält sie stabil und macht sie leichter lenkbar – der Gondoliere steht auf der linken Seite und taucht sein Ruder nur auf der rechten ins Wasser. Bis zu acht verschiedene Holzarten und 280 Einzelteile werden in einer Gondel übrigens verbaut.

SYMBOLTRÄCHTIG
Ferro heißt das schwere Eisen, das den Bug der Gondeln ziert und das Gefährt gleichzeitig durch sein Gewicht stabil hält. Die sechs nach vorne weisenden Zacken symbolisieren die sechs *sestieri* (Stadtteile) Venedigs, der siebte, nach hinten gewandte, die Insel Giudecca, die streng genommen zu Dorsoduro gehört. Die Rundung am oberen Ende des *ferro* soll einen Dogenhut darstellen.

FÄHRDIENST
Weil sich über den Canal Grande gerade mal vier Brücken spannen, gibt es die *traghetti*. In Ihnen werden die Passagiere an sieben Stellen am Kanal von zwei Gondolieri von einer Seite des Canal Grande auf die andere befördert, für den geringen Betrag von 2 Euro.

FAMILIENBANDE
Man staunt immer wieder, wie geschickt die Gondolieri sich mit ihren schwarzen Booten durch die teils sehr schmalen Kanäle bewegen. Das Lenken der *gondole* ist eine echte Kunst, die man erst nach vielen Jahren beherrscht. Nach wie vor geben die Gondolieri diese Kunst zusammen mit der Lizenz für die Gondel am liebsten an ihre Söhne weiter.

IN DER WERKSTATT
Von den vielen Gondelwerften, die einst über die Stadt verteilt waren, zeugen noch die Namen einiger *calle* Venedigs. Heute gibt es nur noch eine Handvoll *squeri*, wie die Werften heißen. Gut sichtbar von der Fondamenta gegenüber ist die Werft von San Trovaso nahe der Zattere. Bald soll im gut erhaltenen Holzhaus ein kleines Museum eröffnet werden.

DREI SESTIERI IM ÜBERBLICK

Venedig ist ein Labyrinth. In San Marco, Dorsoduro und Santa Croce lernen Sie es kennen, verirren sich sicher auch einmal und finden dabei einige Highlights.

Zugegeben, die *bacari* in diesem Kapitel liegen etwas weit voneinander entfernt, aber es sind Inseln der Ruhe, die Sie als Fluchthäfen in Ihr Besichtigungsprogramm einbauen können. Es kann dem gepflegtesten Kulturtouristen passieren, dass er plötzlich die Nase voll hat von all den Palästen, Kirchen und Gondeln, dann gibt's nur eins: Raus aus dem San Marco-Getümmel und allen Guggenheims dieser Stadt und Zuflucht suchen im Da Carla, in der Trattoria Da Fiore oder der Enoteca Già Schiavi und durchatmen. Oder nach einer langen Bus- oder Zugfahrt erst mal bei Da Lele vorbei gehen und langsam in Venedig ankommen.

Wer das Da Lele direkt und ohne Umwege ansteuern will, macht das am besten vom Bahnhof oder dem Busbahnhof aus. Wir empfehlen aber auch, einfach aufs Geratewohl quer durch die *sestieri* Dorsoduro und Santa Croce dorthin zu spazieren.

DER SPAZIERGANG

Einen Spaziergang durch die Viertel beginnen Sie am besten im Zentrum des Orkans, auf der Piazza San Marco, bis zum Aperitif im Da Carla sind es dann nur ein paar Schritte. Etwas schwieriger wird es anschließend, den Weg durch die Gassen und über die Brücken zum Da Fiore zu finden. Gehen Sie einfach immer nach Westen dem Sonnenuntergang entgegen. Endlich am Ziel angelangt, ist es Zeit für eine etwas längere Pause.

Dann geht's weiter über den Ponte dell'Accademia zu den Zattere und dem Rio di San Trovaso entlang zuerst bis zum Alsquero. Hier kann man sich hinsetzen und gemütlich den Arbeiten in der Gondelwerft gegenüber zuschauen. Einen würdigen Abschluss findet der Spaziergang im Già Schavi, wo Sie die *cicheti*-Kunstwerke von Alessandra bewundern und genießen können.

❶ OSTERIA DA CARLA

Die drei Frauen im Da Carla versuchen die Tradition der *cicheti* neu und modern zu interpretieren. Das Auge isst hier auf hohem Designer-Niveau mit. Man kann sich hier auch gepflegt hinsetzen und bedienen lassen.
Frezzeria, San Marco 1535
Tel.: 0039 041 523 7855

② TRATTORIA DA FIORE

Ein angenehmer *bacaro* mit angeschlossenem Restaurant. Vater, Tochter und Sohn vermitteln eine herzliche Atmosphäre. Traditionelle venezianische Küche.
Calle delle Botteghe, San Marco 3461
Tel.: 0039 041 523 5310

③ ALSQUERO

Hier kann man sich hinsetzen, Zeitung lesen, in den Büchern aus dem Regal blättern und durch das große Fenster die Aussicht auf die Gondelwerft genießen.
Fondamenta Nani, Dorsoduro 943/944
Tel.: 0039 335 600 7513

④ CANTINONE GIÀ SCHIAVI

Das Schiavi ist der Tempel der *cicheti*-Kultur und Mutter Alessandra die Hohepriesterin.
Ponte San Trovaso, Dorsoduro 992
Tel.: 0039 041 523 0034

⑤ DA LELE

Das Da Lele ist ein Juwel, winzig klein, immer umlagert. Alles ist einfach, frisch und gut. Das ganze Viertel trifft sich hier. Und die Neuankömmlinge vom Bahnhof oder Busbahnhof finden einen ersten Etappenhalt.
Campo dei Tolentini, Santa Croce 183

1 DA CARLA

Obwohl es nur hundert Meter vom Markusplatz entfernt ist, man muss das Da Carla suchen. Touristen verirren sich nur selten hierher. Sie kommen, weil sie davon gelesen oder gehört haben, oder weil sie einer Gruppe von Gondolieri gefolgt sind, die sich gerne in diese Oase der Ruhe zurückziehen, um sich vom Rummel »draußen« ein bisschen zu erholen.

Drei Frauen führen das Lokal, das ganz von weiblichem Charme durchdrungen ist: Modern, frisch und hell ist die Theke und ebenso modern ist das »Design« der *cicheti*: schwarze oder weiße Polentascheiben, auf denen sich kleine Kunstwerk aus Radicchio, Auberginen, Artischocken, Prosciutto, Oliven, Fleisch, Fisch und vielem mehr erheben, dazu Polpette aus Fleisch, Fisch oder Käse, Frittata und, und, und ...

Man spürt die Freude an der Kreativität und am Spiel auf dem Schnittpunkt zwischen Tradition und Moderne. Apropos Tradition: Vor Urzeiten hieß das Lokal Pietro Panizzolo und das alte Wirtshausschild prangt immer noch draußen auf der Gasse. Dann wurde es umgetauft in Da Carla, einer legendären früheren Wirtin, dieses Schild ist schon schwieriger zu finden. Heute wird es geführt von Michela, Laura und Alda. Die drei Damen strahlen Fröhlichkeit und gute Laune aus, die Einheimischen lieben sie, und der Tourist kommt gerne zurück.

Um den Wein muss man sich nicht sorgen, Michelas Mann ist schließlich der Inhaber der bekannten Enoteca San Marco. Die Auswahl ist klein, aber fein mit Schwerpunkt auf dem Veneto, Sizilien, dem Piemont und der Toskana und wechselt häufig. Einen offenen *ombretta*-Wein gibt es nicht, auch der *vino da casa* besitzt Flaschenqualität – es lohnt sich.

Im hinteren Teil des Lokals kann man sich an schön gedeckten Tischen niederlassen und auch »richtig« essen.

Piazza San Marco früh am Morgen

DER STOLZE VATER SERGIO MIT DER NÄCHSTEN GENERATION: TOCHTER LISA UND SOHN DAVID

② DA FIORE

»Das Da Fiore ist unsere News-Börse«, meint der jugendliche *vicedirettore* eines renommierten Hotels am Canal Grande. »Mein Nachhause-Umweg führt mich zwanglos dahin, meinen ehemaligen Studienkollegen geht's nicht anders, und dann beginnt der Abend mit zwei, drei *ombrette* und dem Klatsch des Tages.« Er und seine Freunde nennen das Da Fiore denn auch scherzhaft »*il nostro ufficio*«, unser Büro. Das Da Fiore legt großen Wert darauf, (neben der Trattoria) auch ein *bacaro* zu sein, allerdings eines der eher gehobenen, aber beileibe nicht abgehobenen Sorte.

Vater Sergio wanderte, wie viele Venezianer seiner Generation, in den 1960er Jahren nach Australien aus, wo er sich einige Jahre mit der Zubereitung von Fish and Chips und allen möglichen Chicken-Variationen durchs Leben schlug. Bis er eines Tages einen Film über Italien sah und wusste: Ich muss wieder heim. 60 Tage dauerte die Überfahrt mit Frau und den damals noch kleinen Kindern Lisa und David (nicht Davide). 1984 endlich konnte er das traditionelle Da Fiore übernehmen und seinen Lebenstraum verwirklichen: Eine eigene Trattoria, von der eigenen Familie geführt, mit traditionellen venezianischen Gerichten aus frischen Zutaten, und vor allem mit einer warmen, herzlichen Atmosphäre. »Es soll so sein«, sagt er, »wie zuhause, wie früher. Man soll sich wohl fühlen und gut aufgehoben sein«.

Heute tritt Sergio etwas in den Hintergrund (aber nur etwas), an der Front stehen inzwischen sein Sohn David und die Tochter Lisa.

Vorne im Lokal, im *bacaro*-Teil, trifft man sich zur *ombretta*, und da haben wir *cicheti* gegessen, für die man nach Venedig reisen muss: Milz, in dünne Scheiben geschnitten mit etwas Olivenöl, Pfeffer und Salz, *moeche fritte,* panzerlose Krebse, *nervetti,* Sehnen, mit eingelegten Zwiebelchen, kaum daumengroße, knusprig frittierte *seppioline,* Tintenfischchen, und natürlich den hier allgegenwärtigen *baccalà mantecato*.

Das Weinangebot ist erstaunlich reichhaltig, mit Schwergewicht im Veneto und Friaul, ergänzt durch eine schöne Rotweinauswahl aus dem Piemont und der Toskana. Alles ist natürlich glasweise zu haben. Im Spätherbst steht oft auch eine Korbflasche mit Torbolino, dem trüben Jungwein, auf der Theke.

Im hinteren Teil, dem Ristorante, kann man sich entspannt niederlassen und der Küche des Hauses vertrauen. Die Fische und das Gemüse kommen jeden Tag frisch direkt vom Markt.

④ GIÀ SCHIAVI

»Die Venezianer lächeln nicht …«, warnte uns Pietro, und er muss es wissen, denn er lebt seit gut 30 Jahren in Venedig und liebt diese Stadt, »… aber man kann sich hundertfünfzig Prozent auf sie verlassen«. Und genau das muss man wissen, wenn man ins Schiavi geht. Hier herrscht Mutter Alessandra mit ihren Söhnen über ihr kleines Reich. Sie ist die wahre Königin der *cicheti*. Andere Künstler arbeiten mit Farben oder Ton, Alessandras Material sind die kulinarischen Zutaten, die sie selbst herstellt oder seit Jahrzehnten von den gleichen Produzenten bezieht. Ihr Atelier ist die Küche ihrer Wohnung direkt über dem Schiavi. Hier ist sie glücklich, erfindet und überrascht sich und ihre Bewunderer mit immer neuen Kreationen und dem einen oder anderen Geniestreich. Wer käme sonst schon auf die verrückte Idee, auf einem *cicheto* Thunfischcreme und Kapern mit Kakaopulver zu überpudern? Die Arbeit unten an der Theke liegt ihr nicht, sie erledigt sie mit ihren Söhnen aus Pflicht und nennt sie *un sacrificio*, ein Opfer. Sie leidet unter der Respektlosigkeit und der Unhöflichkeit vieler Touristen. Dass ihr dabei nicht immer zum Lächeln ist, kann man verstehen. Wem sie aber ihr Herz öffnet, der entdeckt eine warmherzige Frau mit einer großen Passion, die trotz vieler nationaler und internationaler Preise bei allem Stolz auch sehr bescheiden geblieben ist.

Bevor Alessandra mit ihrem Genie das Schiavi in das Mekka der *cicheti* verwandelt hat, war es eine bekannte Enoteca. Und eine Weinhandlung ist es im Hintergrund auch immer geblieben. Ihre Söhne greifen diese Tradition wieder auf. Wie in einer überfüllten Bibliothek ist jeder Zentimeter der Wände mit Weinflaschen vollgestellt. Man sieht Etiketten aus ganz Italien, dazu eine beachtliche Auswahl an Champagnern, Destillaten und Whiskys.

🔴 ⑤ DA LELE

Wenn sie sich ganz dünn machen, passen eine Handvoll Gäste ins winzige Da Lele. Hinein geht man aber nur, um sich seine *ombra* und ein *panino* zu holen. Sonst steht man draußen auf dem großen Platz oder am Rand des Kanals, der kaum mal eine Gondel sieht, aber die ruhige Geschäftigkeit des venezianischen Alltags ausstrahlt. Alle zwei Stunden bringt der Bäcker frisches Brot, und das wird sogleich vom Inhaber Fabio und seinen zwei Mitarbeitern reichlich mit Sopressa, Speck, Prosciutto oder Artischocken belegt und verteilt, das Stück zu 90 Cent und die *ombretta* für 60 Cent.

Alles wird frisch gemacht und ist von bester Qualität. Kein Wunder also, dass sich das Da Lele in einem Zustand der Dauerbelagerung befindet. Das ganze Viertel versammelt sich hier: Schüler, Studenten, Kanalarbeiter, Handwerker und vornehme *Signori*. Erst wenn sich der Belagerungsring bis weit auf den Platz hinaus ausdehnt, fühlt sich Fabio wohl: »Was ich hier mache, ist keine Arbeit, das ist mein Leben.« Morgens öffnet er um 10 und schließt erst um 20 Uhr. Den Wein wählt er direkt beim Winzer aus. Dreimal im Monat reist er ins Friaul, degustiert und kommt mit neuen Fundstücken zurück. Gefallen hat uns ein junger frischer Traminer. Der Name Lele erinnert an Gabriele, den legendären Vater Fabios. Sein ausdrucksstarkes Gesicht wacht in Holz geschnitzt von einem Schaufenster aus über das Treiben auf dem Platz.

Ideal gelegen ist das Da Lele für alle Reisenden, die mit dem Zug oder Bus in Venedig ankommen. Vom Piazzale Roma aus sind es nur ein paar Schritte, und Venedig empfängt sie auf die sympathischste Art.

VALPOLICELLA UND SOAVE
Die Klassiker aus dem Hinterland

Die nach Süden ausgerichteten Hänge der Monti Lessini nördlich von Verona sind wahre Weingärten. Zypressen, Villen und über malerische Pergolen wuchernde Reben prägen die Landschaft und öffnen jedem Italien-süchtigen Nordländer das Herz. Hier wachsen in verwirrender Vielfalt und in unterschiedlichster Qualität der weiße Soave und der rote Valpolicella mit allen ihren Varianten und Untervarianten. Auf den mit Kreide angeschriebenen Weinlisten der *bacari* Venedigs sind sie omnipräsent und werden aus Flaschen, Krügen und Kanistern in die hübschen kleinen *ombretta*-Gläser geschenkt.

VALPOLICELLA, AMARONE, RIPASSO

Der einfache *Valpolicella* ist ein frischer, liebenswürdiger Trinkwein, den man gerne im Trubel des *bacaro* genießt. Er verlangt meist nicht unsere ungeteilte Aufmerksamkeit. Schon etwas körperreicher und ausdrucksvoller sind die Weine aus der Classico-Zone in den historischen Hanglagen des Kerngebiets. Da kann man ausgesprochen erfreuliche, kirschenduftige Tropfen finden, die schon beim Schnuppern am Glas das Wasser im Munde zusammenlaufen lassen.

Richtig ernsthaft wird es dann beim *Amarone*. Auch er wird, wie der Valpolicella selbst, hauptsächlich aus den Rebsorten Corvina und Rondinella gekeltert. Der Winzer legt die Trauben nach der Lese aber für ca. drei Monate in kleinen Kistchen zum Trocknen an die Luft, um ihren Zucker und die ganzen Aromen zu konzentrieren. So entstehen mächtige, intensive und alkoholstarke Tropfen, die vielleicht etwas weniger *bacaro*-tauglich sind, aber großartig ein kräftiges Mahl begleiten oder als *vino da meditazione* unsere Gedanken und Träume beflügeln.

Groß in Mode gekommen sind die Ripasso-Weine. Sie werden auch als der kleine Bruder des Amarone bezeichnet. Nach der Kelterung des Amarone werden die abgepressten Beerenschalen nochmals mit einem eigentlich schon fertigen Valpolicella gemischt und vergoren. Dieser Ripasso genannte Wein profitiert so von den Aromen der Trocknung und dem noch immer im Amarone-Trester vorhandenen Zucker.

SOAVE

Das italienische Wort *soave* bedeutet mild, sanft. Und genau so kann ein guter Soave duften und schmecken. Sein Anbaugebiet schließt am gleichen Hang östlich an die Region des Valpolicella an und überschneidet sich sogar zum Teil mit ihr. Auch hier dürfen sich die Weine aus der historischen Kernzone in den höheren Lagen Soave Classico nennen. Leider gibt es unendlich viel minderwertigen Soave, den man vor allem in den Supermärkten zu Billigpreisen findet. In den *bacari* haben wir erfreulich oft eine *ombretta* Soave getrunken, die verführerisch nach Birnen, Mirabellen und Mandeln duftete.

CROSTINI CON CARCIOFI CRUDI

CROSTINI MIT ROHEN ARTISCHOCKEN

Mal roh mariniert, mal gebraten – junge zarte Artischocken sind im Frühjahr in Venedig sehr begehrt. Auf dem Markt von Rialto sind sie sogar geputzt zu haben. Roh haben wir sie im All'Arco probiert, die Variante stammt von Alsquero.

Für 12 Crostini
2 kleine zarte Artischocken
2 EL Olivenöl
Salz
6 dünne Scheiben roh geräucherter Schinken
12 Scheiben Weißbrot
etwas Parmesan am Stück
Aceto balsamico tradizionale oder Balsamicocreme (Rezept S. 122) zum Beträufeln

Zubereitung ca. 20 Min. | Ruhen ca. 30 Min.
Pro Stück ca. 80 kcal

1 Die äußeren harten Blätter der Artischocken entfernen. Das obere Ende jeweils abschneiden, den Stiel spitz zulaufend schälen. Die Artischocken der Länge nach mit einem scharfen großen Messer in möglichst dünne Scheiben schneiden.

2 Die Artischockenscheiben mit dem Olivenöl und Salz in einer Schüssel gründlich mischen und mindestens 30 Min. durchziehen lassen.

3 Dann den Schinken halbieren. Die Brotscheiben im Toaster oder im Backofen bei 250° knusprig rösten. Jeweils mit 1 Schinkenscheibe belegen, die Artischocken darauf verteilen. Vom Parmesan Späne über die Brote hobeln und die Brote vor dem Servieren mit etwas Balsamico oder Balsamicocreme beträufeln. Die Crostini gleich servieren.

CROSTINI CON CREMA DI FORMAGGIO E CARCIOFI
Crostini mit Käsecreme und Artischocken

100 g Gorgonzola mit einer Gabel fein zerdrücken und mit 80 g Mascarpone und 2 EL frisch geriebenem Parmesan gründlich vermengen. Mit Pfeffer und evtl. Salz abschmecken und 12 Scheiben geröstetes Weißbrot damit bestreichen. 4 kleine zarte Artischocken wie beschrieben putzen und in feine Scheiben schneiden. In einer Pfanne 2 EL Olivenöl erhitzen. Die Artischockenscheiben darin unter gelegentlichem Rühren ca. 5 Min. braten, bis sie bissfest sind. Mit Salz und Pfeffer würzen, auf den Broten verteilen und die Crostini gleich servieren.

CROSTINI CON CREMA DI NOCI

CROSTINI MIT NUSSCREME

Vor allem die Königin der cicheti, Alessandra vom Cantinone Già Schiavi setzt für ihre Cremes und Pasten, aber auch zum Garnieren gerne Walnüsse oder Pistazien ein. Unsere Rezepte hier sind von ihren phantasievollen Kreationen inspiriert.

Für 16 Crostini
FÜR DIE PISTAZIENCREME:
100 g geschälte Pistazienkerne
100 g Ricotta
1 Frühlingszwiebel
1 Stück Bio-Zitronenschale (ca. 1 cm)
1 Prise Chilipulver
Salz
1 EL entsteinte grüne Oliven
FÜR DIE WALNUSSCREME:
100 g Walnusskerne
1 Knoblauchzehe
6 EL Olivenöl
Salz
Pfeffer
150 g fester Ricotta (ersatzweise Büffel-Mozzarella oder milder Feta)
4 Rispen rote Johannisbeeren
AUSSERDEM:
16 Scheiben Weißbrot

Zubereitung ca. 30 Min.
Pro Stück mit Pistaziencreme (bei 8) ca. 150 kcal, mit Walnusscreme (bei 8) ca. 235 kcal

1 Für die Pistaziencreme die Pistazien in einer Pfanne bei mittlerer Hitze unter Rühren rösten, bis sie fein duften. Leicht abkühlen lassen, grob hacken und 2 TL davon beiseitestellen. Den Rest mit dem Ricotta fein pürieren.

2 Die Frühlingszwiebel waschen, putzen und mit dem zarten Grün fein schneiden. Zitronenschale waschen, abtrocknen und fein hacken. Beides unter die Pistaziencreme rühren. Die Creme mit Chilipulver und Salz abschmecken. Die Oliven in Scheiben schneiden.

3 Für die Walnusscreme die Nüsse grob hacken und in einer Pfanne unter Rühren rösten, bis sie fein duften. Die Nüsse leicht abkühlen lassen. Den Knoblauch schälen und fein hacken. Nüsse und Knoblauch mit dem Olivenöl zu einer cremigen Paste fein pürieren und mit Salz und Pfeffer abschmecken.

4 Den Ricotta in dünne Scheiben schneiden. Johannisbeeren vorsichtig waschen, abtropfen lassen und von den Rispen streifen oder abzupfen.

5 Die Brotscheiben im Toaster oder im Backofen bei 250° knusprig rösten. Die Hälfte der Scheiben mit Pistaziencreme bestreichen und mit den übrigen Pistazien und den Oliven garnieren. Ricottascheiben auf den restlichen Broten verteilen. Die Walnusscreme auf dem Ricotta verteilen und mit den Johannisbeeren bestreuen. Die Crostini gleich servieren.

CROSTINI AL TONNO
CROSTINI MIT THUNFISCH

Mit einfacher Thunfischcreme bestrichen, mit Tatar von Eiern, Sardellen, Kapern, Thunfisch und etwas Mayonnaise zubereitet oder wie hier mit aromatischen Rotweinzwiebeln belegt – der Vielfalt an Crostini mit Thunfisch sind in Venedig keine Grenzen gesetzt.

Für 8 Crostini
1 rote Zwiebel
½ EL Butter
1 geh. TL Zucker
100 ml Rotwein
1 TL Aceto balsamico tradizionale
Salz
Pfeffer
100 g Thunfisch in Olivenöl (aus der Dose)
2 Sardellenfilets in Öl
50 g Mascarpone oder Ricotta
8 Scheiben Weißbrot

Zubereitung ca. 35 Min.
Pro Stück ca. 110 kcal

1 Für die Rotweinzwiebeln die Zwiebel schälen, halbieren und in feine Streifen schneiden. Die Butter mit dem Zucker in einer kleinen Pfanne schmelzen, die Zwiebelstreifen darin unter Rühren bei schwacher Hitze ca. 5 Min. dünsten.

2 Den Rotwein angießen und die Zwiebeln bei mittlerer Hitze noch ca. 10 Min. dünsten, bis sie bissfest sind und der Wein verdampft ist. Die Zwiebeln mit dem Balsamico, Salz und Pfeffer abschmecken und abkühlen lassen.

3 Den Thunfisch abtropfen lassen und zerpflücken, Sardellenfilets grob schneiden. Beides mit Mascarpone oder Ricotta fein pürieren. Mit Salz und Pfeffer abschmecken.

4 Die Brotscheiben im Toaster oder im Backofen bei 250° knusprig rösten und mit der Thunfischcreme bestreichen. Mit den Zwiebeln garnieren und gleich servieren.

CROSTINI AL TONNO AFFUMICATO
Crostini mit geräuchertem Thunfisch

75 g Löwenzahn waschen, abtropfen lassen und grob hacken. In 2 EL Olivenöl mit 2 gehackten Knoblauchzehen bei mittlerer Hitze 1–2 Min. andünsten, bis er zusammenfällt. Mit Salz, Pfeffer und evtl. etwas Zitronensaft ablöschen. 4 Scheiben geräucherten Thunfisch (ca. 70 g) halbieren und auf 8 gerösteten Scheiben Weißbrot verteilen. Mit dem Löwenzahn garnieren und am besten gleich servieren.

Für diese besondere Thunfisch-Kreation hat Alessandra sogar einen Preis bekommen. In ihrem kleinen Rezeptbuch finden Sie viele ihrer Crostini-Varianten.

Tartare di tonno e cacao amaro

- 3 uova
- 200 grammi di tonno all'olio d'oliva
- Capperi
- Lattuga e prezzemolo
- Maionese
- Cacao amaro
- Sale e pepe
- Pane

Schiacciare con una forchetta i tuorli delle uova sode. Aggiungere il tonno, la maionese, i capperi, il prezzemolo e passare il tutto al mixer. Adagiare la lattuga sul pane e versare la salsa. Guarnire col cacao amaro.

Tonno affumicato con tarassaco

- 300 grammi di tonno affumicato
- 300 grammi di tarassaco
- Paprica
- Aceto balsamico
- Pane

Stendere sul pane un paio di fette di tonno affumicato tagliate sottili e un po' di tarassaco, fatto soffriggere con aglio e olio. Insaporire con un pizzico di paprica e guarnire con aceto balsamico.

CROSTINI AL LARDO E PESTO DI RUCOLA

CROSTINI MIT FETTEM SPECK UND RUCOLAPESTO

So zart ist Lardo di Collonata, dass er auf den heißen Brotscheiben wunderbar anschmilzt und geschmeidig wird. Die Crostini mit fettem Speck und Pesto haben wir im All'Arco gegessen. Das Pesto schmeckt auch pur oder auf gekochtem Schinken sehr gut.

Für 8 Crostini
50 g Rucola
50 g getrocknete, in Öl eingelegte Tomaten
5 EL Olivenöl
¼ TL Chiliflocken
Salz
8 Scheiben Weißbrot
4 dünne Scheiben Lardo di Collonata

Zubereitung ca. 15 Min.
Pro Stück ca. 335 kcal

1 Den Rucola verlesen, dicke Stiele abschneiden. Blätter waschen, trocken schütteln und grob hacken. Die Tomaten abtropfen lassen und fein würfeln.

2 Den Rucola und die Tomaten mit dem Olivenöl und den Chiliflocken fein pürieren, Pesto mit Salz abschmecken.

3 Die Brote im Toaster oder im Backofen bei 250° knusprig rösten. Die Speckscheiben halbieren. Brote damit belegen, mit etwas Rucolapesto garnieren und gleich servieren.

CROSTINI AL LARDO E CASTAGNE
Crostini mit Speck und Kastanien

Die Nadeln von 1 Zweig Rosmarin abzupfen, fein hacken und mit 2 EL Honig leicht erwärmen. 8 gegarte Maroni (Kastanien) in Scheiben schneiden. Die Brote wie beschrieben rösten und mit Lardo belegen. Die Kastanien darauf verteilen und mit etwas Rosmarin-Honig beträufeln. Warm servieren.

CROSTINI CON CREMA DI ZUCCA

CROSTINI-VARIATIONEN MIT KÜRBISCREME

Vor allem der mittelgroße Kürbis mit der warzigen Schale aus Chioggia, der suca baruca, ist im Herbst in Venedig allgegenwärtig. Naheliegend, dass auch Crostini damit zubereitet werden: mal mit Ricotta wie in der Cantinone Già Schiavi, mal mit Gorgonzola wie in der Vecia Carbonera.

Für 16 Crostini
1 Stück Kürbis (ca. 200 g)
50 ml Weißwein oder Gemüsebrühe
2 TL Olivenöl
abgeriebene Schale von ¼ Bio-Zitrone
Salz | Pfeffer

FÜR DIE RICOTTA-CREME:
30 g Walnusskerne
150 g Ricotta
½ TL Chiliflocken
etwas Parmesan am Stück

FÜR DIE GORGONZOLA-CREME:
150 g Gorgonzola
50 g Mascarpone oder Sahne

AUSSERDEM:
16 Scheiben Weißbrot

Zubereitung ca. 35 Min.
Pro Stück ca. 150 kcal

1 Die Kerne mit dem faserigen Fruchtfleisch aus dem Kürbis schaben. Den Kürbis schälen und in Würfel schneiden. Mit dem Wein oder der Brühe in einem Topf erhitzen und zugedeckt bei schwacher Hitze in ca. 8 Min. weich garen.

2 Kürbis abtropfen und lauwarm abkühlen lassen, dann mit dem Olivenöl fein pürieren. Zitronenschale unterrühren und das Püree mit Salz und Pfeffer abschmecken.

3 Für die Ricotta-Creme die Walnusskerne fein hacken und mit dem Ricotta mischen. Creme mit Salz und Chiliflocken abschmecken.

4 Für die Gorgonzola-Creme den Gorgonzola mit einer Gabel fein zerdrücken und mit Mascarpone oder Sahne gut verrühren. Creme mit Salz und Pfeffer abschmecken.

5 Die Brote nach Belieben im Toaster oder im Backofen bei 250° knusprig rösten. Die Ricottacreme auf die Hälfte der Brotscheiben streichen, mit der Hälfte des Kürbispürees garnieren. Vom Parmesan einige Späne darüberhobeln.

6 Die Gorgonzolacreme und das restliche Kürbispüree in Tupfen nebeneinander auf die übrigen Brote verteilen. Mit einer Gabel so durch die beiden Pasten fahren, dass sie leicht ineinander fließen. Die Crostini gleich servieren.

CROSTINI AGLI ASPARAGI

CROSTINI MIT SPARGEL UND MOZZARELLA

Obwohl es im Veneto einen sehr berühmten weißen Spargel gibt, nämlich den aus Bassano del Grappa, werden in Venedig fast alle Gerichte mit grünem Spargel zubereitet. Der hat ein etwas weniger feines, dafür aber umso kräftigeres Aroma und eine schöne Farbe.

Für 8 Crostini
4 Stangen grüner Spargel
Salz
2 Eier (Größe M)
1 EL Salatmayonnaise
1 Stängel Basilikum
Pfeffer
125 g (Büffel-)Mozzarella
8 Scheiben Weißbrot

Zubereitung ca. 25 Min.
Pro Portion ca. 130 kcal

1 Den Spargel waschen und holzige Enden abschneiden. Ca. 5 cm hoch Wasser zum Kochen bringen und salzen. Den Spargel darin in ca. 5 Min. bissfest kochen, abschrecken und abtropfen lassen. In knapp 1 cm dicke Scheiben schneiden.

2 Gleichzeitig die Eier in ca. 10 Min. hart kochen, kalt abschrecken und abkühlen lassen. Die Eier schälen, Eiweiße ablösen und sehr fein hacken. Eigelbe zerdrücken und mit der Mayonnaise verrühren. Basilikum waschen und trocken schütteln. Die Blättchen fein hacken. Mit dem Eiweiß und dem Spargel unter die Eigelbcreme rühren, alles salzen und pfeffern.

3 Den Mozzarella längs in 4 gleich dicke Scheiben schneiden. Die Scheiben jeweils wieder der Länge nach so einschneiden, dass sie an einem Ende noch zusammenhalten, und dann aufklappen. Die Spargelcreme darauf verstreichen. Die Mozzarellascheiben aufrollen und jeweils einmal halbieren.

4 Die Brote im Toaster oder im Backofen bei 250° knusprig rösten. Die Brote mit je einer halben Mozzarellarolle belegen.

CROSTINI CON CREMA DI ASPARAGI
Crostini mit Spargelcreme

4 Stangen grünen Spargel wie beschrieben kochen, mit 2 EL Olivenöl fein pürieren, salzen und pfeffern. 1 jungen Zucchino waschen, in knapp 1 cm dicke Stifte schneiden, in 1 EL Öl unter Rühren in ca. 3 Min. bissfest braten, salzen und pfeffern. 2 getrocknete, in Öl eingelegte Tomaten in Streifen schneiden. 8 geröstete Scheiben Weißbrot mit Spargelcreme bestreichen und mit Zucchini, Tomaten und etwas Rucola belegen.

CROSTINI ALLA CREMA DI FEGATO

CROSTINI MIT LEBERCREME

Diese mit fein abgeriebener Orangenschale aromatisierte Crostini-Variante haben wir im Al Timon gegessen. Dort findet man nicht nur bei den Hauptgerichten, sondern auch bei den cicheti selten Fisch. In einer Stadt am Meer eine angenehme Abwechslung.

Für 8 Crostini
150 g Kalbsleber
1 kleine Zwiebel
1 Knoblauchzehe
½ Stange Staudensellerie
½ Bund Petersilie
2 EL Olivenöl
50 ml trockener Weißwein oder Prosecco
2 TL Kapern (am besten in Salz eingelegt)
½ Bio-Orange
Salz
Pfeffer
8 Scheiben Weißbrot

Zubereitung ca. 30 Min.
Pro Stück ca. 100 kcal

1 Die Leber kalt abspülen, trocken tupfen und in kleine Würfel schneiden. Zwiebel und Knoblauch schälen und fein hacken. Sellerie waschen, putzen und klein würfeln. Petersilie waschen und trocken schütteln, Blättchen sehr fein hacken.

2 Das Öl in einer Pfanne erhitzen. Zwiebel mit Knoblauch und Sellerie darin unter Rühren bei mittlerer Hitze ca. 5 Min. andünsten. Die Leber mit der Petersilie kurz mitbraten. Den Wein dazugießen. Kapern in Salz abspülen. Kapern dazugeben. Leber zugedeckt bei schwacher Hitze ca. 10 Min. schmoren.

3 Die Leber dann etwas abkühlen lassen und mit dem würzigen Sud fein pürieren. Die Orangenhälfte waschen und abtrocknen. 2 dünne Scheiben abschneiden, diese vierteln und beiseitelegen. Restliche Schale abreiben und unter die Lebercreme rühren. Die Creme mit Salz und Pfeffer abschmecken.

4 Die Brote im Toaster oder im Backofen bei 250° knusprig rösten. Die Brote mit Lebercreme bestreichen, mit den beiseitegelegten Orangenstückchen garnieren und rasch servieren.

CROSTINI ALLA CREMA DI PANCETTA
Crostini mit Speckcreme

100 g Pancetta oder Bacon in kleine Würfel schneiden und mit 1 gewürfelten Frühlingszwiebel in 2 TL Olivenöl bei mittlerer Hitze andünsten, bis der Speck glasig ist. Leicht abkühlen lassen und fein pürieren. 4 Radicchioblätter waschen, trocken schütteln und in feine Streifen schneiden. Mit 2 TL Öl, Salz und Pfeffer gründlich mischen. 8 geröstete Scheiben Brot mit Pancettacreme bestreichen und mit den Radicchiostreifen garnieren.

CROSTINI DI POLENTA
POLENTA-CROSTINI (GRUNDREZEPT)

Statt Brot dienen häufig Polentascheiben als feine Unterlage für cicheti – meist zubereitet aus weißer Polenta. In Venedig werden sie oft kalt angeboten oder mit Belag in die Mikrowelle geschoben. Wir finden sie so besser: im Ofen heiß und leicht knusprig werden lassen, belegen und servieren.

Für 8–12 Stück
Salz
100 g weiße oder gelbe Polenta
1 EL Olivenöl

Zubereitung ca. 40 Min. |
Ruhen mind. 2 Std.
Pro Stück (bei 12) ca. 35 kcal

1 In einem hohen Topf 400 ml Wasser zum Kochen bringen und salzen. Die Polenta mit dem Schneebesen einrühren. Die Hitze klein stellen und den Deckel kurz auflegen, bis die Polenta nicht mehr blubbert. Man kann sich daran sonst leicht verbrennen. Die Polenta dann offen ca. 30 Min. garen und möglichst häufig umrühren.

2 Ein größeres Holz- oder Kunststoffbrett mit kaltem Wasser abspülen. Die Polenta daraufhäufen und mit einem immer wieder angefeuchteten Teigschaber ca. 1 cm dick glatt streichen. Polenta mind. 2 Std. stehen lassen, bis sie fest wird.

3 Polenta in 8–12 gleich große Stücke schneiden, diese nebeneinander auf ein mit Backpapier belegtes Backblech legen.

4 Den Backofen auf 250° vorheizen. Die Polentastücke mit dem Öl beträufeln und im heißen Ofen (Mitte) ca. 5 Min. backen, bis sie heiß und leicht knusprig sind, dann nach Wunsch belegen und möglichst gleich servieren.

VARIANTEN

Schwarze Polenta: Die Polenta wie oben beschrieben kochen. Nach dem Kochen mit 1 TL Tintenfischtinte (gibt es beim Fischhändler im Glas) mischen und auf das Brett streichen.

Kräuterpolenta: 1 Bund Basilikum waschen und trocken schütteln, die Blättchen fein hacken. Die Polenta nach dem Kochen lauwarm abkühlen lassen, dann die Kräuter untermischen und die Polenta auf das Brett streichen. Statt 1 Bund Basilikum können Sie auch 1 Handvoll Rucola oder Blättchen von 2 Stängeln Minze nehmen. Oder Nadeln von 2 Zweigen Rosmarin abstreifen und klein geschnitten gleich nach dem Kochen unter die Polenta mischen.

POLENTA NERA CON FLAN DI ZUCCA

SCHWARZE POLENTA MIT KÜRBISFLAN

Eine der phantasievollen und dekorativen Kreationen des Frauenteams von der Osteria da Carla. Hier werden die cicheti fast ausschließlich auf polenta serviert. Kürbisflan und Radicchio passen aber auch sehr gut zu Crostini. Sie können sie also auch auf Brot anrichten.

Für 12 Stück
1 Rezept schwarze Polenta (siehe S. 112, Variante)
1 Stück Kürbis (ca. 350 g)
Salz
1 Ei (Größe M)
3 EL frisch geriebener Parmesan
Pfeffer
50 g Sahne
Butter für die Förmchen
8–12 Radicchioblätter
2 TL Olivenöl

Zubereitung ca. 45 Min.
(+ Zubereitungs- und Ruhezeit Polenta) |
Backen ca. 30 Min. + 50 Min.
Pro Stück ca. 80 kcal

1 Die Polenta wie beschrieben zubereiten und ruhen lassen. Inzwischen für den Flan den Backofen auf 200° vorheizen und das Backblech mit Backpapier auslegen.

2 Die Kerne mit dem faserigen Fruchtfleisch aus dem Kürbis schaben. Den Kürbis schälen und in ca. 2 cm dicke Spalten schneiden. Nebeneinander auf das Backblech legen und salzen. Im heißen Ofen (Mitte) ca. 30 Min. backen, bis er weich ist.

3 Den Kürbis lauwarm abkühlen lassen, dann würfeln und mit dem Ei fein pürieren. Den Parmesan unterrühren und die Masse mit Salz und Pfeffer abschmecken. Die Sahne mit 1 Prise Salz steif schlagen und vorsichtig unterheben. Drei ofenfeste Förmchen von je ca. 200 ml Inhalt mit Butter ausstreichen, die Flanmasse einfüllen.

4 Den Backofen auf 150° zurückschalten. Die Förmchen in eine feuerfeste Form füllen. So viel heißes Wasser angießen, dass die Förmchen etwa zur Hälfte ihrer Höhe darin stehen. Die Flans im Ofen (unten) ca. 50 Min. backen, bis die Masse gestockt ist. Aus dem Wasser nehmen und abkühlen lassen.

5 Den Ofen auf 250° hochschalten. Die Polenta in 12 Stücke schneiden und nebeneinander auf das mit Backpapier belegte Blech legen. Mit Olivenöl beträufeln und im Ofen (Mitte) in ca. 5 Min. heiß und leicht knusprig werden lassen.

6 Den Radicchio waschen, trocken schütteln und in feine Streifen schneiden. Mit dem Öl, Salz und Pfeffer gründlich mischen. Die Flans mit einem Messer vom Rand der Förmchen lösen und vorsichtig stürzen. Jeden Flan quer in 4 Scheiben teilen. Jedes Polentastück mit je 1 Flanscheibe belegen, mit Radicchiostreifen garnieren und frisch servieren.

GAMBERETTI SU POLENTA NERA

GARNELEN AUF SCHWARZER POLENTA

Schwarze Polenta aus Maisgrieß und Tintenfischtinte sieht einfach schick aus. Mit Garnelen belegt eine besonders einfache und schnelle Sache. Die Kreation mit Mohn haben wir in der Osteria da Carla probiert, die mit Ricottacreme im Bancogiro.

Für 8–12 Stück
1 Rezept schwarze Polenta (siehe S. 112, Variante)
2 Eier (Größe M)
1 Handvoll Rucola
150 g gegarte geschälte Garnelen
1 EL Salatmayonnaise
1 TL Zitronensaft
Salz
Pfeffer
2 EL Mohnsamen

Zubereitung ca. 30 Miin.
(+ Zubereitungs- und Ruhezeit Polenta)
Pro Stück (bei 12) ca. 70 kcal

1 Polenta wie beschrieben zubereiten und ruhen lassen. Eier in ca. 10 Min. hart kochen, abschrecken und abkühlen lassen.

2 Den Rucola verlesen. Blätter trocken schütteln und in Streifen schneiden. Die Garnelen mit Rucola, Mayonnaise und Zitronensaft mischen und mit Salz und Pfeffer würzen.

3 Den Backofen auf 250° vorheizen. Polenta in 8–12 Stücke schneiden und nebeneinander auf das mit Backpapier belegte Blech legen. Mit Olivenöl beträufeln und im Ofen (Mitte) in ca. 5 Min. heiß und leicht knusprig werden lassen.

4 Die Mohnsamen in einer Pfanne bei mittlerer Hitze unter Rühren rösten, bis sie anfangen zu springen. Die Eier schälen und in dünne Scheiben schneiden.

5 Jedes Polentastück mit 1–2 Scheiben Ei belegen und leicht salzen und pfeffern. Die Garnelen darauf verteilen, mit etwas Mohn bestreuen und gleich servieren.

GAMBERETTI E RICOTTA SU POLENTA NERA
Garnelen mit Ricotta auf schwarzer Polenta

Schwarze Polenta wie beschrieben zubereiten und ruhen lassen. 1 Frühlingszwiebel waschen und mit dem zarten Grün fein schneiden. 2 Sardellenfilets in Öl abtropfen lassen, fein schneiden und mit 150 g Ricotta mischen. Frühlingszwiebel und 1 Msp. abgeriebene Bio-Zitronenschale untermischen, alles salzen und pfeffern. 150 g gegarte geschälte Garnelen mit 2 TL Zitronensaft, Salz und Pfeffer würzen. Polentascheiben im Ofen knusprig werden lassen. Die Ricottacreme darauf verteilen, mit Garnelen garnieren und die Scheiben gleich servieren.

POLPO SU POLENTA AL ROSMARINO

OKTOPUS AUF ROSMARINPOLENTA

Eine köstliche Variation aus dem Bancogiro – der Oktopus bekommt sein feines Aroma durch den Lardo di Collonata, der in der Toskana mit vielen Gewürzen und Kräutern in der Marmortruhe reift und dabei besonders viel Geschmack tankt.

Für 8–12 Stück
1 Rezept Polenta mit Rosmarin (siehe S. 112, Variante)
1 kleiner Oktopus (ca. 500 g)
1 Stange Staudensellerie
1 Zwiebel
1 Lorbeerblatt
1 Bio-Zitronenscheibe
Salz
50 g Lardo di Collonata (ersatzweise fetter Speck)
4 EL Olivenöl
Pfeffer
1 Prise Zimtpulver
1 kleine Aubergine (ca. 200 g)

Zubereitung ca. 1 Std.
(+ Zubereitungs- und Ruhezeit Polenta)
Pro Stück (bei 12) ca. 135 kcal

1 Die Polenta wie beschrieben zubereiten und ruhen lassen. Inzwischen den Oktopus kalt abspülen und in einem Topf mit Wasser bedecken. Den Sellerie waschen, putzen und in grobe Stücke schneiden. Die Zwiebel schälen und vierteln. Mit dem Sellerie, dem Lorbeerblatt, der Zitronenscheibe und Salz zum Oktopus geben. Das Wasser zum Kochen bringen, die Hitze kleiner schalten und den Oktopus in ca. 30 Min. leise simmernd fast gar kochen. Im Sud abkühlen lassen.

2 Den Oktopus aus dem Sud heben und unter fließendem Wasser die violetten Hautstücke, die sich gelöst haben, abspülen. Den Oktopus in Scheiben schneiden.

3 Vor dem Servieren den Lardo in kleine Würfel schneiden und mit 1 EL Olivenöl in einem Topf erwärmen. Oktopus dazugeben und kurz mitbraten. Den Oktopus mit Salz, Pfeffer und dem Zimt würzen, zugedeckt bei schwacher Hitze ca. 10 Min. im eigenen Saft schmoren.

4 Inzwischen die Aubergine waschen und quer in 8–12 knapp 1 cm dicke Scheiben schneiden. Die Scheiben mit Salz und Pfeffer würzen. Das übrige Öl in einer Pfanne erhitzen und die Auberginenscheiben darin bei mittlerer Hitze in ca. 5 Min. auf beiden Seiten leicht braun braten.

5 Den Backofen auf 250° vorheizen. Die Polenta in 8–12 Stücke schneiden und nebeneinander auf das mit Backpapier belegte Blech legen. Mit Olivenöl beträufeln und im Ofen (Mitte) in ca. 5 Min. heiß und leicht knusprig werden lassen.

6 Zum Servieren jedes Polentastück mit jeweils 1 Auberginenscheibe belegen. Die Oktopus-Speck-Mischung darauf verteilen und die Polenta gleich servieren.

POLENTA CON MAIALE E PRUGNE

POLENTA MIT SCHWEINEFLEISCH UND ZWETSCHGEN

Eine herbstliche Variante aus der Osteria da Carla, die durch die Kombination von Fleisch und Früchten besticht. In Venedig liebt man übrigens weiße Polenta, polenta bramata bianca, aus einer speziellen Maisart mit weißen Körnern, die milder schmeckt als die gelbe.

Für 8–12 Stück
1 Rezept möglichst weiße Polenta (siehe S. 112)
8 entsteinte Backpflaumen
100 ml Rotwein
2 TL Honig
1 EL Orangensaft
300 g Schweineschulter oder -keule
1 kleine Zwiebel
2 Knoblauchzehen
1 getrocknete Chilischote
4 Zweige Thymian
2 EL Olivenöl
100 ml Fleischbrühe oder trockener Weißwein
Salz
Pfeffer
1 säuerlicher Apfel
1 EL Zitronensaft

Zubereitung ca. 1 Std.
(+ Zubereitungs- und Ruhezeit Polenta) |
Einweichen ca. 1 Std.
Pro Stück (bei 12) ca. 140 kcal

1 Die Polenta wie beschrieben zubereiten und ruhen lassen. Die Backpflaumen mit dem Rotwein, dem Honig und dem Orangensaft aufkochen. Zugedeckt mind. 1 Std. quellen lassen.

2 Dann das Schweinefleisch von größeren Fettstücken und Sehnen befreien und sehr fein würfeln oder hacken. Die Zwiebel und den Knoblauch schälen und fein hacken. Die Chilischote im Mörser zerkrümeln. Den Thymian waschen, trocken schütteln und die Blättchen von den Stielen streifen.

3 1 EL Öl in einem Topf erhitzen. Zwiebel mit Knoblauch, Chili und Thymian darin andünsten. Das Schweinefleisch dazugeben und kurz anbraten. Mit der Brühe oder dem Wein ablöschen, mit Salz und Pfeffer würzen und zugedeckt bei schwacher Hitze ca. 30 Min. schmoren.

4 Inzwischen den Apfel vierteln, schälen und vom Kerngehäuse befreien. Apfel in dickere Schnitze schneiden und mit dem Zitronensaft mischen. Die Pflaumen abtropfen lassen, dabei den Sud auffangen. Pflaumen in Streifen schneiden.

5 Das übrige Öl in einem Topf erhitzen, die Apfelschnitze darin unter Rühren 1–2 Min. anbraten. Die Zwetschgen mit 50 ml Sud dazugeben und alles bei mittlerer Hitze in ca. 5 Min. offen dickflüssig einkochen lassen. Alles leicht salzen.

6 Den Backofen auf 250° vorheizen. Die Polenta in 8–12 Stücke schneiden und nebeneinander auf das mit Backpapier belegte Blech legen. Mit Olivenöl beträufeln und im Ofen (Mitte) in ca. 5 Min. heiß und leicht knusprig werden lassen.

7 Das Fleisch abschmecken und auf den Polentastücken verteilen. Zwetschgen daraufgeben und alles gleich servieren.

TRAMEZZINI, PANINI & CROSTINI
Ein Tummelplatz für die Phantasie

Es muss nicht immer aufwändig sein: Mit ein paar köstlichen Zutaten belegt, sind Brotscheiben, aber auch Panini und Tramezzini in jedem *bacaro* beliebt. Hier finden Sie eine ganze Reihe an Ideen für ganz einfache Beläge, für die Sie kein Rezept benötigen.

ZUM GARNIEREN: BALSAMICOCREME
Sie ist uns auf vielen Crostini begegnet. Die sämige Creme schmeckt am besten selbstgemacht. Sie kann sehr gut auf Vorrat zubereitet werden. Lassen Sie 150 ml Aceto balsamico mit 50 g Zucker bei mittlerer Hitze in ca. 5 Min. dickflüssig einkochen und schmecken ihn evtl. mit etwas Zitronensaft ab. Zum Aufheben in eine kleine, saubere, gut verschließbare Flasche füllen.

CROSTINI MIT MATJES UND BALSAMICOCREME
½ dünne Stange Lauch waschen und putzen, in sehr feine Streifen schneiden. Matjes in mundgerechte Stücke schneiden und mit dem Lauch auf Brotscheiben verteilen. Mit Balsamicocreme beträufeln.

CROSTINI MIT KÄSE
Bergader Edelpilz oder anderen Blauschimmelkäse in Scheiben schneiden und auf Brotscheiben legen. Mit Balsamicocreme beträufeln und servieren. Wer mag, kann auch noch ein paar Walnüsse oder geröstete Pinienkerne darauf verteilen.

CROSTINI MIT RICOTTA UND WILDKRÄUTERCREME
1 Handvoll Brennnessel- oder Löwenzahnblätter waschen, trocken schütteln und mit 1 EL Pinienkernen und 4 EL Olivenöl fein pürieren, dann salzen und pfeffern. Geräucherten Ricotta (ersatzweise geräucherter Mozzarella oder fester Ricotta) in dünne Scheiben schneiden und auf Brotscheiben legen. Mit der Wildkräutercreme garnieren und servieren.

CROSTINI MIT RADICCHIO UND RÄUCHERKÄSE
6 Radicchioblätter waschen, trocken schütteln und in feine Streifen schneiden. Mit etwas Olivenöl, Salz und Pfeffer gründlich mischen. Geräucherten Ricotta oder Mozzarella in Scheiben schneiden und Brotscheiben damit belegen. Radicchiostreifen und je 1 getrocknete in Öl eingelegte Tomate darauf verteilen.

BLITZIDEEN FÜR CROSTINI
- Frischkäse, Sardellenfilets und Chiliöl
- Speck und Radicchio
- Eischeiben und Sardellenfilets
- Mortadella, Robiola (Frischkäse) und kurz gebratene Radicchio- oder Romanasalatstreifen
- Meerrettich-Frischkäse mit rohen Zucchiniraspeln

TRAMEZZINI MIT THUNFISCH
1 Dose in Olivenöl eingelegten Thunfisch abtropfen lassen. Den Thunfisch mit 2 hart gekochten gehackten Eiern, 50 g Mayonnaise, Salz, Pfeffer und nach Belieben ein paar Kapern mischen und mit Salz und Pfeffer abschmecken. Mit Salatblättern zwischen Toastbrotscheiben geben. In Dreiecke schneiden und sich schmecken lassen.

BLITZIDEEN FÜR TRAMEZZINI UND PANINI
- Brotscheiben oder Paninihälften mit Butter und Senf bestreichen. Dann gekochtes Rindfleisch oder Roastbeef in Scheiben mit eingelegtem oder gegrilltem Gemüse dazwischen verteilen. Auch gut:
- gekochter Schinken und eingelegte Artischocken
- Thunfisch, Kapern und Datteltomaten
- Bresaola, Pecorino und Rucola
- Salami (in Venedig Sopressa) und Radicchioblätter

DIE STRADA NOVA
Flaniermeile und Logenplatz

Die Strada Nova findet in den gängigen Reiseführern kaum Erwähnung. Dabei war ihr Bau in den 60er Jahren des 19. Jahrhunderts als repräsentativer breiter Boulevard geplant und von den Stadtvätern gegen den Widerstand der Bewohner auch durchgesetzt worden. Hier herrschte vorher ein Gewirr von Häusern, Gassen und Kanälen. Der Bau des Bahnhofs im Westen von Cannaregio forderte aber eine möglichst direkte Verbindung zum Zentrum und der Piazza San Marco. Also schlug man eine Schneise durch das gewachsene Viertel und benannte sie nach dem König, der Italiens Wiedervereinigung erreichte, Via Vittorio Emanuele II. Die Einheimischen nannten sie aber von Anfang an nur Strada Nova – neue Straße – und dabei blieb es schließlich.

DER GEIST DES AUFBRUCHS
Die ganze Straße atmet den Geist des Aufbruchs nach der Wiedervereinigung Italiens. Breit, schnurgerade und etwas pompös. Ihr etwas zu einheitlicher Stil orientiert sich mehr an den Prachtstraßen von Paris oder Rom. Venezianisch ist er nicht wirklich. Und doch haben sich die Venezianer mit ihrer Strada Nova inzwischen versöhnt: Am Abend ist sie ein beliebtes Ziel für die *passeggiata*, den obligatorischen Spaziergang vor dem Abendessen. Ihre vielen Bars mit den Stühlen draußen auf der Straße laden zum Aperitif ein und sind dazu ein perfekter Logenplatz für des Italieners liebstes Vergnügen: sehen und gesehen werden.

UND DIE TOURISTEN?
Die Besucher der Stadt kommen alle hierher. Am Morgen auf dem Weg vom Bahnhof ins Zentrum und abends zurück. Vielleicht bleiben sie vor einem der schönen Läden kurz stehen oder kaufen ein Eis. Bei der Ankunft führt sie die Straße bequem bis zum Campo Santi Apostoli und entlässt sie dort recht unvermittelt ins enge Labyrinth der Gassen und Brücken. Hier erst beginnt Venedig. Und am Abend kehrt man aus dem Labyrinth wieder zu ihr zurück. Man tritt hinaus auf den breiten Boulevard, atmet durch, kauft sich das erwähnte Eis: Die Welt ist wieder überschaubar.

Und wo bleiben die *bacari*? Nur ein einziger wagt sich ganz am Anfang der Strada Nova mit seinen Tischchen und Stühlen auf die Straße, Francesco mit seiner La Cantina. Hier erlebt man eine One-Man-Show, die man nicht verpassen sollte. Ein paar Schritte und über eine Brücke weiter Richtung Bahnhof trifft man halb schon auf der Treppe zum Brückenbogen auf die ehemalige Kohlenhandlung, die Vecia Carbonera, und in der Tiefe einer Quergasse findet man einen der traditionsreichsten *bacari* Venedigs, das La Vedova.

STRADA NOVA IM ÜBERBLICK

Für viele ist die Strada Nova nicht wirklich venezianisch: Eine Boulevardschneise geschlagen durchs Gassengewirr. Aber alle Wege führen hier vorbei und nur wenige Meter abseits ist die Welt schon wieder in Ordnung.

Einen Besuch der Strada Nova muss man nicht extra einplanen, er ergibt sich von selbst. Früher oder später führen alle Wege hier vorbei. Ob Sie zu Fuß vom Bahnhof kommen oder zurück zum Bahnhof gehen oder ob Sie einen Abstecher vom Zentrum ins Ghetto machen möchten, immer werden Sie durch die Strada Nova geführt.

Falls Sie trotzdem mit dem Vaporetto direkt hinfahren wollen, so steigen Sie am besten an der Haltestelle Cà d'Oro aus, gehen ein paar Schritte geradeaus und sind schon mittendrin.

❶ CANTINA VECIA CARBONERA

Wunderbar an einem Kanal gelegen, zieht dieser eher einfache *bacaro* die Menschen der Umgebung wie Passanten gleichermaßen an. Am Mittag gibt's auch einen *primo piatto*, z. B. Pasta oder *minestra*, Suppe.
Ponte Sant'Antonio, Strada Nova, Cannaregio 2329
Tel.: 0039 041 710 376

❷ LA CANTINA

Hier bereitet Francesco kreativ und auch mal eigenwillig seine ganz persönlichen Interpretationen frischer Produkte des Marktes zu. Ein moderner *bacaro*, fast eine Boutique. Einige Tische auf einem hübschen Platz davor.
Strada Nova, Cannaregio 3689
Tel.: 0039 041 522 8258

❸ OSTERIA CÀ D'ORO, ALLA VEDOVA

Geht man von der Vaporettostation Cà d'Oro immer geradeaus und über die Strada Nova hinüber, landet man unweigerlich bei der Vedova. Seit über 100 Jahren trifft man sich hier. Ein klassischer *bacaro* mit angeschlossenem Ristorante.
Calle del Pistor, Cannaregio 3912
Tel.: 0039 041 528 5324

❹ OSTERIA LA BOTTEGA AI PROMESSI SPOSI

Tipp am Rande: In einer kleinen Parallelgasse zur Strada Nova liegt diese sehr empfehlenswerte Osteria. Sie ist zwar kein *bacaro*, aber man isst hier, wie man in einem *bacaro* essen würde. Das Ambiente ist einfach und freundlich, die Küche auf erstaunlichem Niveau.
Calle dell'Oca, Cannaregio 4367
Tel.: 0039 041 241 2747

EIN ABSTECHER

Ein Abstecher in die kleinen Gassen nördlich der Strada Nova lohnt sich unbedingt. So sah der ganze Stadtteil aus, bevor die Planer die Schneise der Strada Nova hindurch geschlagen haben.

Sehr versteckt in der Calle dell'Oca finden Sie zudem ein sehr empfehlenswertes Lokal, das Promessi Sposi (Nummer 4). Es ist zwar kein *bacaro* im strengen Sinn, aber hier finden Sie den herzlichen Geist der einfachen Trattoria. Sie werden von einer originellen und sehr geschmackvollen Küche überrascht, egal ob Sie Seegetier, Fleisch oder Gemüse bestellen. Müsste man eine Osteria aus dem Geist der *bacari* erfinden, sie würde so aussehen.

Sacca della Misericòrdia

Scuola Vècchia della Misericòrdia

S. Maria della Misericòrdia

Scuola Nuova della Misericòrdia

FONDAMENTA DELLA MISERICÒRDIA

FONDAMENTA DEI MORI

RASPARO CONTARINI

C. FORNÈR — R. DEI MUTI

Cappella del Volto Santo

FOND. CANÀL

TERRÀ DELLA MADDALENA

C. CORRÈR

EMANUELE STRADA NOVA

DIEDO

F. VENDRAMIN DEL FORNÈR

SOTT. DIAMANTE

Pal. Vendramin

C. LUNGA

DOGE PRIULI

CALLE DELLA RACCHETTA

C. DEL FORNO

C. ZOTTI

CALLE DELLE VELE

CALLE PRIULI

CALLE DEL FORNO

C. DEL VERDE DEI FRANCESCI

SALIZZADA DEL PISTÒR

Cà Pesaro
Gall. Moderne
Museo d'Arte Orient.

Pal. Giusti

STRADA NOVA

Pal. Sagredo

Pal. Foscari

C. CORNÈR

C. DELLA ROSA

C. DELLA REGINA

C. DEI MORTI

San Cassiano

RIVA DELL'ÒLIO

BOTTÈRI

BECCARIE

CANAL GRANDE

1 2 3 4

① VECIA CARBONERA

Wo heute Einheimische und Touristen ihre *ombra* genießen, luden bis Anfang der neunziger Jahre die letzten Kohlenschiffe der Stadt ihre Ware aus. Die legendäre neunzigjährige Besitzerin war stadtbekannt als *la vecia carbonera*, die alte Kohlenhändlerin. Nun lebt sie im Namen dieses *bacaro* weiter. Neun Monate lang haben Marco Pedrocco und sein Vater Francesco die direkt am Kanal liegenden Lagerräume renoviert und daraus eine klassische *cicheteria* gemacht. Vorher führten sie im Ghetto ein traditionelles Lokal. Obwohl direkt an der Strada Nova, der Hauptader des *sestiere* Canareggio, gelegen, hat das Vecia Carbonera seinen traditionellen Charakter und seine Qualität bewahrt.

Im ersten Raum, vorne am Kopf der Brücke über den Rio di Noale, sind die *cicheti* aufgebaut. Hier verlocken die schönen Auslagen. Es braucht einen starken Charakter um ihnen zu widerstehen. Und so füllt sich der kleine Raum mit Passanten und Touristen. Man findet neben den phantasievoll garnierten Crostini auch *sarde in saor*, *baccalà* in verschiedenen Zubereitungen und *frittata*.

In den hinteren Räumen kann man am Mittag auch einen *primo piatto*, wie *bigoli in salsa*, *seppie al nero* und im Winter eine wärmende *minestrone* bekommen. Außerhalb der eigentlichen Essenszeiten findet man hier aber eine kleine Oase der Ruhe und kann bei einer *ombretta* noch ein wenig in unserem Buch lesen. Neben einem ordentlichen *ombra*-Wein werden auch verschiedene bessere Flaschenweine aus dem Friaul ausgeschenkt.

3 ALLA VEDOVA

Man kann diesen *bacaro* nicht verfehlen. Eine kleine Stichstraße, die Calle del Pistor, führt von der Strada Nova weg nach Norden und ist immer voll von Leuten, die mit einem Glas *ombra* in der Hand an der Hausmauer lehnen und dazu die in der ganzen Stadt berühmten *polpette* genießen. Deren Geheimnis wird uns natürlich nicht verraten, nur so viel: reichlich und richtig heißes Fett zum Ausbacken verwenden! Über dem Eingang steht groß »Trattoria Cà d'Oro« und an der Hauswand daneben »Alla Vedova«. Die Geschichte hinter diesen beiden Namen erzählt uns Renzo, der heutige Besitzer: Der berühmteste Palast am Canal Grande, Cà d'Oro, liegt praktisch auf der anderen Straßenseite und gab dem Lokal seinen eigentlichen Namen. Renzos Vater starb jedoch schon früh, und ab da hieß seine Mutter bei den Nachbarn nur *la vedova*, die Witwe. Seither gehen die Leute nicht mehr ins Cà d'Oro, sondern *alla vedova*, zur Witwe.

Und die Geschichte reicht noch weiter zurück: Der Urgroßvater brachte seinen schweren Rotwein aus Apulien nach Venedig und richtete hier eine Enoteca ein.

Renzo ist ein typischer Venezianer, freundlich und etwas misstrauisch, charmant und doch vornehm zurückhaltend und dann wieder von entwaffnender Herzlichkeit. Mit seiner Schwester Mirella führt er das Geschehen aus dem Hintergrund. Seine Trattoria ist immer (!) überfüllt, die *cicheti*, vor allem die *polpette*, sind frisch und knusprig und der aus der Karaffe ausgeschenkte offene Wein seinen Preis mehr als wert. Zum *bacaro* gehört auch ein Ristorante mit einem guten Dutzend Tischen, für die man unbedingt reservieren muss.

LA CANTINA: TRADITIONELL WIE EIN BACARO UND MODERN WIE EINE BOUTIQUE

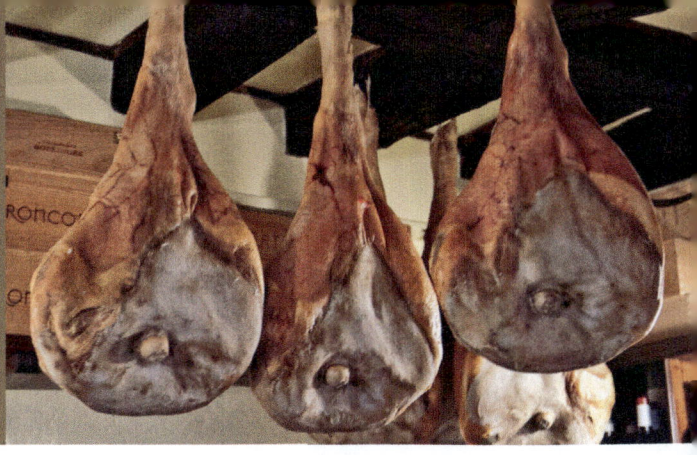

② LA CANTINA

Francesco ist klein und strotzt vor Selbstbewusstsein. Hinter dem Tresen und seinem großen Arbeitsbrett verschwindet er fast, und doch füllt er den ganzen Raum mit seiner Ausstrahlung. Er hat alles im Griff. Man muss schon um den Tresen herumgehen, um zu entdecken, wie er arbeitet: Ein Künstler vor seiner Staffelei, umgeben von der Palette der Zutaten – frische Fische auf Eis, *culatello*, *prosciutto*, Eier, Gemüse, Käse, getrocknete Tomaten, Oliven, Gurken und tausend andere Köstlichkeiten, alles vom Feinsten und Besten. Die beiden Mitarbeiter im Service bestellen: »*Due cicheti di pesce, tre di formaggio, uno con salumi!*«, und Francesco komponiert und erfindet immer wieder Neues und Überraschendes. »*Una cucina minimalistica*«, nennt er seinen Stil. Ein Kollege meinte dazu freundschaftlich: »Was du machst, ist fast ein Boutique-*bacaro*«, und Francesco quittierte mit einem zufriedenen Lächeln. Tradition bedeutet für ihn: gute Zutaten und sauberes Handwerk.

Francesco Zorzetto wuchs in der Nähe von Mestre auf. Wie er zur Gastronomie gefunden habe, wollten wir von ihm wissen. »Ganz einfach«, meint er, »mein bester Freund ging auf die Hotelfachschule und da ging ich halt mit.« So entdeckte er seine große Leidenschaft, das Kochen. Und man merkt sie jeder seiner Bewegungen an: den Respekt vor den Produkten und die Sorgfalt und Konzentration bei der Zubereitung. Nach den üblichen Lehr- und Wanderjahren fand er 1996 auf diesem zauberhaften kleinen Platz ein leer stehendes Lokal. Früher wurden hier *caramelle* hergestellt und verkauft.

Gerade mal ein Dutzend kleine Tische haben auf der hübschen Piazetta Platz, auf der Treppe vor der Kirche sitzen ein paar Jugendliche und die üblichen Bettler, ein Gondoliere wartet neben einer eleganten Brücke gelangweilt auf Kundschaft. Obwohl auch hier jeden Morgen die unvermeidlichen Souvenierstände aufgebaut werden, ist die Welt noch in Ordnung. Erst jenseits dieser Brücke beginnt die mondänere Welt der Strada Nova.

Die gleiche Sorgfalt wie für seine *cicheti* verwendet Francesco auch bei der Auswahl seiner Weine: Authentisch sollen sie sein, echt und unverfälscht. Kleinen Produzenten gehört sein Herz, und aus seiner Liebe zum Piemont macht er vor allem bei den Roten kein Geheimnis. Man kann ihm vertrauen und wird nicht enttäuscht. Falls Sie richtig Durst haben, versuchen Sie auch sein Bier, er ist so stolz darauf. Mit einem Partner zusammen produziert er es auf halbem Weg nach Treviso. Das Wasser stammt aus der gleichen Quelle, die auch das Mineralwasser San Benedetto speist.

WEINE AUS DEM FRIAUL
Aromatische Weiße und unbekannte Rote

Scheinbar abgeschottet liegt das Friaul in der äußersten Ecke Italiens. Doch die Abgeschiedenheit täuscht. Diese Region liegt vielmehr an einem eigentlichen Kreuzungspunkt mitten in Europa. Bis 1919 gehörte das Friaul zu Österreich-Ungarn und war damit offen nach Norden und Osten. Auf der anderen Seite im Süden liegt die Adria mit den Hafenstädten Venedig und Triest. Die Traditionsfäden laufen also in alle Richtungen. Das heißt auch, hier trifft die alpine Kultur der nahen Berge auf die maritime der Adria und die höfisch-urbane von Wien und Budapest. Und nicht anders verhält es sich mit den klimatischen Verhältnissen: Von den nahen Alpen strömt kühle Luft in die heißen Ebenen, vom Meer her wehen ausgleichende Winde in die reich gegliederte Landschaft.

DIE WEISSWEINE

Dieser klimatische Wechsel kühler und warmer Luftmassen bietet ideale Bedingungen für den Anbau frischer und aromatischer Weißweine. Das Friaul ist der Weißweingarten Italiens. Nirgendwo auf dem ganzen Stiefel werden sie übertroffen. Vor allem die Weine des Collio und der Colli orientali del Friuli haben sich internationalen Ruhm erworben.

Beliebt und gesucht ist der Sauvignon Blanc, mit seiner sauberen, klaren und aromatischen Frucht, dann natürlich der beliebte und oft etwas enttäuschende Pinot Grigio. Ans Herz möchten wir Ihnen aber die einheimischen Sorten legen:

Friulano, der bis vor kurzem noch Tocai Friulano hieß und wohl die interessanteste friulanische Rebsorte ist. Er verströmt einen feinen, aromatischen und eleganten Duft, im Gaumen ist er erstaunlich voll und robust, besitzt aber eine frische, anregende Säure. Die Einheimischen sagen: »Cul Tocai a sparissin duc' i mai«. Mit dem Tocai verschwinden alle Übel.

Ribolla Gialla, ein zarter, blumiger manchmal auch etwas nussiger Wein mit einem eher leichten Körper.

Verduzzo, in seiner trockenen Version ist er akazienduftig, zitronenfrisch und saftig, als Süßwein dagegen erstaunlich üppig, intensiv und samtig.

DIE ROTWEINE

Neben den berühmten Weißweinen spielen die Rotweine Friauls eher eine Nebenrolle. Man darf sie aber nicht unterschätzen. Die tiefgründigen Böden zwischen den Bergen und dem Fluss Isonzo erinnern entfernt an die Böden im Bordelais. Es sind denn auch die Bordeaux-Reben, die hier immer bessere Weine ergeben: Cabernet und Merlot. Wie bei den Weißen sollte man unbedingt die Chance nutzen und die einheimischen Weine probieren:

Refosco, ein kräftiger, manchmal fast ungestümer Wein mit schönen Pflaumen- und Mandelaromen und einer kräftigen Säure.

Schioppettino, der dunkelviolett im Glas leuchtet und attraktiv nach Brombeeren, Heidelbeeren und Veilchen duftet.

Pignolo, der in seinem Potential erst langsam entdeckt wird. Die Weine sind konzentriert, reichhaltig mit einem dichten und süßen Tannin. Sie eignen sich gut für den Ausbau im Fass.

RISI E BISI

ERBSEN-RISOTTO

Ein klassisches Frühlingsgericht, das traditionell am 25. April in Venedig serviert wird. Dann wird der Stadtpatron San Marco gefeiert. In früheren Zeiten bekam der Doge den ersten Teller dieses frischen Risottos, bevor auch der Rest der Venezianer sich daran laben durfte.

Für 4 Personen
75 g Pancetta oder Coppa
2 Frühlingszwiebeln
2 junge Knoblauchzehen
3 EL Butter
350 g Risottoreis
1 Schuss trockener Weißwein
1 ¼ l heiße Fleisch- oder Gemüsebrühe
250 g frisch gepalte zarte Erbsen
ein paar Blättchen Petersilie, Minze oder Rucola (nach Belieben)
4 EL frisch geriebener Parmesan
Salz
Pfeffer

Zubereitung ca. 35 Min.
Pro Portion ca. 645 kcal

1 Pancetta oder Coppa in kleine Würfel schneiden. Die Frühlingszwiebel waschen, putzen und fein schneiden. Den Knoblauch schälen und fein hacken.

2 1 EL Butter in einem Topf schmelzen. Zwiebeln und Knoblauch mit dem Pancetta darin unter Rühren andünsten, bis das Speckfett glasig ist. Den Reis dazugeben und unterrühren.

3 Den Wein angießen und verdampfen lassen. 1 Schöpflöffel Brühe zum Reis geben. Den Reis jetzt offen bei schwacher bis mittlerer Hitze unter häufigem Rühren ca. 5 Min. garen. Dabei immer, wenn der Reis nicht mehr von Flüssigkeit bedeckt ist, wieder 1 Schöpflöffel Brühe dazugeben.

4 Die Erbsen dazugeben und den Reis noch ca. 15 Min. weiter garen, bis er bissfest ist. Nach Belieben die Petersilie-, Minze- oder Rucolablättchen fein hacken. Die übrige Butter in Würfel schneiden und mit den Kräutern und dem Parmesan unter den Risotto ziehen. Risotto salzen, pfeffern und in vorgewärmten Tellern servieren. Dazu frisch geriebenen Parmesan reichen.

RISOTTO ALLA ZUCCA CON RADICCHIO
Risotto mit Kürbis und Radicchio

1 Stück Kürbis (ca. 250 g) putzen, schälen und klein würfeln. 150 g Radicchioblätter waschen und grob hacken. 1 Zwiebel und 2 Knoblauchzehen schälen und klein würfeln. Wie beschrieben 1 EL Butter schmelzen, Zwiebel, Knoblauch und Gemüse darin andünsten. Reis dazugeben und mit Weißwein ablöschen. Risottoreis mit der Brühe in ca. 20 Min. bissfest garen. 2 EL Butter mit 4 EL frisch geriebenem Parmesan unterheben und den Risotto mit Salz und Pfeffer abschmecken. Nach Belieben mit wenig frisch gehacktem Radicchio und gerösteten Pinienkernen bestreuen.

RISOTTO AI GAMBERI
RISOTTO MIT GARNELEN

Im Veneto ist der Risotto immer flüssiger als im Piemont und im Rest Italiens. All'onda muss er sein, also so, dass er beim Umrühren Wellen bildet. Und: Gilt im Piemont der Carnaroli als der beste Reis, wird im Veneto seit über 500 Jahren vor allem Vialone nano angebaut.

Für 4 Personen
400 g rohe Garnelen mit Schale
1 Zwiebel
1 Stange Staudensellerie
1 EL Olivenöl
1 Lorbeerblatt
1 getrocknete Chilischote
Salz
Pfeffer
2 junge Knoblauchzehen
3 EL Butter
350 g Risottoreis
⅛ l Prosecco
1 Handvoll Basilikum- oder Bärlauchblättchen

Zubereitung ca. 1 Std.
Pro Portion ca. 460 kcal

1 Die Garnelen aus den Schalen lösen. Die Schalen waschen. Die Garnelen, falls nötig, am gewölbten Rücken einschneiden und den schwarzen Darm herauslösen. Garnelen dann waschen und trocken tupfen. Die Zwiebel schälen und achteln. Den Sellerie waschen, putzen und mit dem zarten Grün in kleine Stücke schneiden.

2 Das Öl in einem Topf erhitzen, die Garnelenschalen darin anbraten, bis sie sich kräftig rot verfärbt haben. Die Zwiebel und den Sellerie kurz mitbraten, mit 1 ¼ l Wasser aufgießen. Das Lorbeerblatt und die Chili einrühren und alles offen bei mittlerer Hitze ca. 30 Min. köcheln lassen. Sud sieben, mit Salz und Pfeffer abschmecken und warm halten.

3 Knoblauch schälen und in dünne Scheiben schneiden. 1 EL Butter in einem Topf schmelzen, Knoblauch darin unter Rühren andünsten. Den Reis dazugeben und gut unterrühren.

4 Die Hälfte vom Prosecco angießen und verdampfen lassen. 1 Schöpflöffel Sud zum Reis geben. Reis jetzt offen bei schwacher bis mittlerer Hitze unter häufigem Rühren in ca. 20 Min. bissfest garen. Dabei immer, wenn der Reis nicht mehr von Flüssigkeit bedeckt ist, wieder 1 Schöpflöffel Sud dazugeben.

5 Kurz vor Ende der Garzeit die Garnelen in dünne Scheiben schneiden. Die Kräuterblättchen waschen, trocken tupfen und fein hacken. Die Hälfte der übrigen Butter erhitzen, die Garnelen darin bei starker Hitze unter Rühren ca. 1 Min. braten. Den übrigen Prosecco angießen und einmal kräftig aufkochen. Die Garnelen mit Salz und Pfeffer abschmecken

6 Die übrige Butter in kleine Würfel schneiden. Die Garnelen mit der Butter und den Kräutern unter den Reis heben. Risotto mit Salz und Pfeffer abschmecken und in vorgewärmten Tellern sofort servieren.

PASTA E FASOI

NUDELN MIT BOHNEN

Pasta e fagioli, wie die Mischung aus Bohnen und Pasta im Rest Italiens heißt, wird im Veneto mit Borlottibohnen zubereitet, die als die besten Italiens gelten. In Venedig werden die gekochten Bohnen fast immer zum Teil püriert, sodass eine cremige dicke Suppe entsteht.

Für 4–6 Personen
300 g getrocknete Borlottibohnen
1 Stange Staudensellerie
1 große Zwiebel
2 Zweige Rosmarin
2 EL Olivenöl
2 Lorbeerblätter
Salz
Pfeffer
150 g Ditaloni (kurze Röhrchennudeln)
100 g Pancetta (nach Belieben)
100 g Radicchioblätter (nach Belieben)
Aceto balsamico tradizionale oder Balsamicocreme (Rezept S. 122) zum Beträufeln

Zubereitung ca. 30 Min. |
Quellen über Nacht | Garen 2 ½–3 Std.
Pro Portion (bei 6) ca. 220 kcal

1 Die Bohnen in eine Schüssel geben, mit kaltem Wasser bedecken und über Nacht einweichen. Am nächsten Tag die Bohnen abgießen. Den Sellerie waschen, putzen und in Scheiben schneiden. Die Zwiebel schälen, vierteln und in Streifen schneiden. Den Rosmarin waschen und trocken schütteln. Die Nadeln abzupfen und fein schneiden.

2 Das Öl in einem großen Topf erhitzen. Sellerie, Zwiebel und Rosmarin darin unter Rühren andünsten. 1 ¾ l Wasser mit den Lorbeerblättern dazugeben und zum Kochen bringen. Bohnen dazugeben und zugedeckt bei schwacher Hitze in 2 ½–3 Std. sehr weich kochen.

3 Den Lorbeer aus dem Topf fischen. Die Hälfte der Bohnen aus dem Topf nehmen, den Rest mit der Flüssigkeit fein pürieren. Die ganzen Bohnen wieder untermischen und alles mit Salz und Pfeffer abschmecken. Die Bohnen zugedeckt warm halten.

4 Für die Nudeln reichlich Wasser zum Kochen bringen und salzen. Die Nudeln darin nach Packungsaufschrift al dente kochen, in einem Sieb kalt abschrecken und abtropfen lassen. Die Nudeln unter die Bohnensuppe mischen und noch einmal heiß werden lassen.

5 Inzwischen nach Belieben den Pancetta in dünne Streifen schneiden und in einer Pfanne bei mittlerer Hitze leicht knusprig werden lassen. Nach Belieben die Radicchioblätter waschen, trocken schütteln und in feine Streifen schneiden. Die Suppe in Teller füllen und ganz nach Belieben mit Pancetta- und/oder Radicchiostreifen garnieren. Aceto balsamico oder Balsamicocreme zum Beträufeln mit auf den Tisch stellen.

BIGOLI IN SALSA

SPAGHETTI MIT PIKANTER SARDELLENSAUCE

Ein besonders würziges Pastagericht, das man in Venedig seit dem Mittelalter kennt. Was früher Ehrensache war, machen heute nur noch die wenigsten: die Pasta mit einem Teil Vollkornmehl selber zubereiten. Wir haben uns für getrocknete Nudeln entschieden, die es in Venedig zu kaufen gibt.

Für 4 Personen
400 g Zwiebeln
4 EL Olivenöl
400 g Bigoli oder (Vollkorn-)Spaghetti
Salz
ca. 80 g Sardellenfilets in Öl
½ Bund Petersilie
Pfeffer

Zubereitung ca. 30 Min.
Pro Portion ca. 505 kcal

1 Die Zwiebeln schälen und fein würfeln. Das Öl in einem Topf erhitzen und die Zwiebeln darin andünsten. Die Zwiebeln offen bei schwacher Hitze ca. 20 Min. dünsten, bis sie weich sind, braun sollen sie dabei auf keinen Fall werden. Zwiebeln häufig durchrühren.

2 Für die Nudeln in einem großen Topf reichlich Wasser zum Kochen bringen und salzen. Die Nudeln darin nach Packungsaufschrift al dente kochen.

3 Die Sardellenfilets abtropfen lassen und sehr fein schneiden. Die Petersilie waschen und trocken schütteln, die Blättchen abzupfen und fein schneiden. Die Sardellen zu den Zwiebeln geben und unter Rühren noch ca. 1 Min. mitdünsten. Alles mit Salz und Pfeffer abschmecken und ca. 3 EL Nudelkochwasser unterrühren.

4 Die Nudeln abgießen und mit der Petersilie zu den Zwiebeln geben. Alles gut mischen und in vorgewärmten Tellern servieren. Wer mag, gibt vor dem Essen noch einen kleinen Schuss frisches Öl auf die Pasta.

SPAGHETTI ALLA BUSARA
SPAGHETTI MIT SCAMPI UND TOMATEN

La busara bezeichnet einen Topf mit Siebeinsatz, in dem man die Scampi früher zubereitet hat. In Venedig bekommt man das köstliche Gericht heute meist mit vielen Tomaten und wenig Scampi. Grund genug, sich die köstliche Pastasauce zu Hause mal selbst zuzubereiten.

Für 4 Personen
8 große rohe Scampi in der Schale (Kaisergranat)
1 weiße Zwiebel
2 Knoblauchzehen
½ Bund Petersilie
½ Chilischote
500 g Kirschtomaten oder kleine vollreife Strauchtomaten
2 EL Olivenöl
1 Schuss Cognac (nach Belieben)
Salz
Pfeffer
400 g Spaghetti

Zubereitung ca. 40 Min.
Pro Portion ca. 485 kcal

1 Die Scampi waschen und bei allen den Panzer am Bauch der Länge nach aufschneiden. Aus 4 Scampi das Fleisch herauslösen, fein schneiden und beiseitelegen. Die Zwiebel und den Knoblauch schälen und sehr fein hacken. Die Petersilie waschen und trocken schütteln, die Blättchen abzupfen und fein schneiden. Das Chilistück waschen und mit den Kernen sehr fein schneiden.

2 Die Tomaten mit kochendem Wasser überbrühen, kurz ziehen lassen, kalt abschrecken und häuten. Die Tomaten je nach Größe halbieren oder vierteln.

3 Das Olivenöl in einer Pfanne mit Deckel erhitzen. Die Scampi in der Schale und die leeren Scampipanzer darin andünsten. Zwiebel, Knoblauch, Chili und Petersilie bis auf einen kleinen Rest dazugeben und mit anbraten. Nach Belieben den Cognac angießen und verdampfen lassen. Die Tomaten untermischen, alles mit Salz und Pfeffer abschmecken und zugedeckt bei schwacher Hitze ca. 10 Min. schmoren.

4 Inzwischen für die Nudeln reichlich Wasser zum Kochen bringen und salzen. Die Nudeln darin nach Packungsaufschrift al dente kochen. In einem Sieb abtropfen lassen.

5 Die Scampi und die leeren Panzer aus dem Topf fischen, die leeren Panzer wegwerfen. Die rohen Scampistücke mit den Spaghetti unter die Sauce mischen und noch ca. 1 Min. garen und miterhitzen. Alles mit der restlichen Petersilie mischen, mit Salz und Pfeffer abschmecken und auf vorgewärmte Teller verteilen. Mit je 1 Scampo garnieren und sofort servieren.

TIPP: Wenn Sie keine echten Scampi bekommen, können Sie auch Riesengarnelen nehmen. Diese jedoch nur 3–4 Min. mitgaren, dann bis zum Servieren aus dem Topf nehmen.

PACCHERI CON ZUCCA

DICKE NUDELN MIT KÜRBIS

Eine beliebte Kombination für Herbst und Winter, die wir im Al Volto bekommen haben. Kürbis und Wurst werden übrigens nicht nur mit Pasta serviert, sondern auch als Risotto zubereitet – ebenfalls ausgesprochen köstlich.

Für 4 Personen
1 Stück Kürbis (ca. 300 g)
300 g italienische Salsicce (ersatzweise rohe Bratwurst)
1 Zwiebel
2 Knoblauchzehen
1 Zweig Rosmarin
250 g Kirschtomaten
2 EL Olivenöl
⅛ l trockener Weißwein oder Fleisch- bzw. Gemüsebrühe
Salz
Pfeffer
400 g Paccheri (dicke kurze Nudeln; ersatzweise Penne oder Rigatoni)
frisch geriebener Parmesan zum Servieren

Zubereitung ca. 35 Min.
Pro Portion ca. 705 kcal

1 Die Kerne mit dem faserigen Fruchtfleisch aus dem Kürbis schaben. Den Kürbis schälen und in knapp 1 cm große Würfel schneiden. Das Wurstbrät in kleinen Stücken aus der Haut drücken. Die Zwiebel und den Knoblauch schälen und fein hacken. Den Rosmarin waschen und trocken schütteln. Die Nadeln abzupfen und fein schneiden. Die Tomaten waschen und vierteln.

2 Das Olivenöl in einem weiten Topf oder einer Pfanne erhitzen. Die Kürbiswürfel darin bei mittlerer Hitze unter Rühren 2–3 Min. braten. Wurst, Rosmarin, Zwiebel und Knoblauch dazugeben und weiterbraten, bis die Wurststücke nicht mehr roh aussehen. Wein oder Brühe angießen, alles mit Salz und Pfeffer würzen und offen ca. 10 Min. köcheln lassen.

3 Gleichzeitig für die Nudeln reichlich Wasser zum Kochen bringen und salzen. Die Nudeln darin nach Packungsaufschrift al dente kochen. Abgießen und abtropfen lassen.

4 Die Tomaten unter den Sugo mischen und nur erwärmen. Die Nudeln dazugeben und alles gut mischen. In vorgewärmten Tellern servieren. Dazu frisch geriebenen Parmesan reichen.

GNOCCHI DI ZUCCA

KÜRBISGNOCCHI MIT SALBEIBUTTER

Im Herbst wird Kürbis in Venedig fertig geputzt in Spalten auf dem Markt angeboten. Statt dem warzigen suca baruca aus dem Veneto eignet sich für die Gnocchi auch Butternut- oder Hokkaidokürbis, weil diese Sorten ein trockeneres Fleisch haben als der Muskatkürbis.

Für 4 Personen
1 Stück Kürbis (ca. 700 g)
100 g Mehl
1 gestr. EL Speisestärke
1 Ei (Größe M)
Salz
Pfeffer
frisch geriebene Muskatnuss
4–5 Salbeizweige
80 g Butter
frisch geriebener Parmesan zum Servieren

Zubereitung ca. 50 Min. |
Backen ca. 20 Min. | Ruhen ca. 1 Std.
Pro Portion ca. 310 kcal

1 Den Backofen auf 200° vorheizen. Die Kerne mit dem faserigen Fruchtfleisch aus dem Kürbis schaben. Den Kürbis schälen und in ca. 2 cm dicke Scheiben schneiden. Nebeneinander auf das Blech legen und im Ofen (Mitte) ca. 20 Min. backen, bis das Kürbisfleisch weich ist.

2 Das Kürbisfleisch etwas abkühlen lassen, dann in der Küchenmaschine fein zerkleinern oder durch die Kartoffelpresse drücken. Mit dem Mehl, der Speisestärke und dem Ei zu einem Teig verrühren und mit Salz, Pfeffer und Muskat abschmecken. Teig ca. 1 Std. im Kühlschrank ruhen lassen.

3 Dann in einem großen Topf reichlich Wasser zum Kochen bringen und salzen. Die Kürbismasse noch einmal durchrühren. Mit zwei Teelöffeln kleine Gnocchi formen und ins leise siedende Wasser geben. Gnocchi ca. 5 Min. darin ziehen lassen, bis sie an die Oberfläche steigen.

4 Den Salbei waschen und trocken schütteln. Die Blättchen von den Stielen zupfen. Die Butter in einer Pfanne zerlassen und den Salbei einrühren. Die Butter ganz leicht bräunen.

5 Die Gnocchi mit dem Schaumlöffel aus dem Wasser heben und abtropfen lassen. In vorgewärmte tiefe Teller verteilen. Etwas Salbeibutter darüberschöpfen und die Gnocchi mit frisch geriebenem Parmesan servieren.

Primi piatti

LASAGNE CON VERDURE

GEMÜSELASAGNE

In der Osteria Cà d'Oro alla Vedova gibt es außer den typischen Spezialitäten Venedigs jeden Tag eine vegetarische Lasagne – je nach Jahreszeit mal mit Spargel, Spinat, Zucchini, Kürbis oder Radicchio zubereitet. Alle diese Gemüse können Sie auch in diesem Rezept verarbeiten.

Für 4 Personen
500 g grüner Spargel
500 g Blattspinat
Salz
50 g Butter
40 g Mehl
¾ l Milch
2 TL Tomatenmark
80 g frisch geriebener Parmesan
Pfeffer
1 Prise frisch geriebene Muskatnuss
1 Bund Petersilie
2 Frühlingszwiebeln
2 Knoblauchzehen
200 g Gorgonzola (oder anderer Blauschimmelkäse)
200 g Lasagneplatten (ohne Vorkochen verwendbar)

Zubereitung ca. 1 Std. 45 Min. | Backen ca. 40 Min. | Ruhen ca. 10 Min.
Pro Portion ca. 725 kcal

1 Den Spargel waschen und die holzigen Enden abtrennen. Die Spitzen abschneiden, die Stangen leicht schräg in knapp 1 cm dicke Scheiben schneiden. Den Spinat von allen welken Blättern und den dicken Stielen befreien und in stehendem kaltem Wasser gründlich waschen, abtropfen lassen.

2 In einem Topf ca. 5 cm hoch Wasser zum Kochen bringen und salzen. Den Spargel darin ca. 3 Min. sprudelnd kochen lassen. Mit dem Schaumlöffel herausheben, kalt abschrecken und abtropfen lassen. Den Spinat ins Kochwasser geben und zusammenfallen lassen. In ein Sieb abgießen, kalt abschrecken und abtropfen lassen. Dann mit den Händen gut ausdrücken und grob hacken.

3 Für die Béchamel 40 g Butter zerlassen, das Mehl darin unter Rühren goldgelb anschwitzen. Die Milch nach und nach mit dem Schneebesen kräftig unterschlagen. Die Sauce offen bei schwacher Hitze ca. 10 Min. köcheln lassen, bis sie dickflüssig ist. Das Tomatenmark und die Hälfte des Parmesans unterrühren und die Sauce mit Salz, Pfeffer und Muskat abschmecken.

4 Die Petersilie waschen, trocken schütteln und die Blättchen fein hacken. Die Frühlingszwiebeln waschen, putzen und in feine Ringe schneiden. Den Knoblauch schälen und in feine Scheiben schneiden. Das Gemüse mit den Zwiebelringen, dem Knoblauch und der Petersilie mischen und mit Salz und Pfeffer würzen. Den Gorgonzola klein würfeln.

5 Den Backofen auf 180° vorheizen. Etwas Béchamel in eine eckige feuerfeste Form schöpfen. Lasagneplatten einlegen, mit Gemüse, etwas Béchamel und Gorgonzola belegen. Auf diese Weise alle Zutaten in die Form schichten, mit Nudelplatten und Béchamel abschließen. Restlichen Parmesan auf die Oberfläche streuen und übrige Butter in Flöckchen auflegen. Die Lasagne im heißen Ofen (Mitte) ca. 40 Min. backen, bis die Nudelplatten weich sind und die Lasagne schön gebräunt ist. Ca. 10 Min. stehen lassen, dann servieren.

DER VORNEHME OSTEN
Zwischen Rialto und San Marco

Schlendert man durch die Gassen zwischen Piazza San Marco und dem Ponte Rialto, so merkt man den vielen Venezianern in Anzug und Krawatte an: Man befindet sich im eigentlichen Geschäftszentrum der Stadt. Die Messingschilder an den Türen sind blank poliert. Viele tragen die Namen von Anwälten, *avvocati*, und richtig, hier sind auch die Gerichte zuhause.

Die beiden Seiten des Ponte di Rialto könnten gegensätzlicher nicht sein: im Westen der Markt, laut, farbig, handwerklich und vor Leben strotzend, hier im Osten dagegen sind die Straßen vornehm und die Hauseingänge diskret und reserviert. Man flaniert eigentlich lieber dort als hier.

DAS PANTHEON VENEDIGS

Wer nach der allerersten Liga der Sehenswürdigkeiten Venedigs, Dogenpalast und Markusplatz, aber noch etwas mehr sehen möchte, muss einfach hierher kommen. An der Spitze steht natürlich das »Pantheon« Venedigs, die großartige gotische Kirche Santi Giovanni e Paolo. Pantheon, weil hier nicht weniger als 25 Dogen begraben liegen, ein Fuß der heiligen Katharina von Siena und die dem Verteidiger von Zypern 1571 bei lebendigem Leib abgezogene Haut. Auch auf die Gefahr hin, ein Sakrileg zu begehen, wir halten dieses gewaltige Bauwerk noch vor San Marco für die eindrucksvollste Kirche der Stadt. Obwohl auch die Kirche Santa Maria Formosa einen Besuch mit großen Eindrücken belohnt, ihre Hauptattraktion ist der Platz davor, der Campo Santa Maria Formosa. Kein venezianischer Platz sonst ist unserer Meinung nach gleichzeitig monumental und doch auch fast intim. Das verdankt er seinen harmonischen Proportionen und den verschiedenartigen Fassaden, die ihn umgeben. Hier wurden zur Zeit der Republik große öffentliche Feste gefeiert und selbst Stierkämpfe ausgetragen.

EIN KRÄNZCHEN FÜR DEN DICHTER

Ein spezielles Kränzchen möchten wir noch unserem Lieblingsdichter der Stadt, Carlo Goldoni, widmen. Auf seine Statue stoßen Sie, wenn Sie von der Rialtobrücke herunterkommen, auf dem ersten kleinen Platz, dem Campo San Bartolomio. Er hat die Figuren und Traditionen der Commedia dell'Arte aus ihrem oft allzu platten und derben Umfeld herausgeholt und zu großer Kunst geführt. Seinem Arlecchino, Diener zweier Herren, wurde schon auf allen Bühnen der Welt applaudiert.

DER OSTEN IM ÜBERBLICK

EIN TAG IM OSTEN

Ihren Spaziergang beginnen Sie am besten auf der Rialtobrücke, gucken sich den hektischen Marktbetrieb an und gehen dann auf der anderen, der Ostseite, den Canal Grande entlang nach rechts bis zum Ende der Riva del Carbon. Wenn Sie dort in die Calle Cavalli hineinschauen, sehen Sie schon ihr erstes Ziel, die Enoteca Al Volto. Ein, zwei *cicheti* und eine erste *ombra*, und Sie sind gestärkt für die erste Herausforderung, das Rusteghi.

Um dort hinzukommen, laufen Sie denselben Weg zurück und wenden sich am Fuß der Rialtobrücke nach rechts auf den Campo San Bartolomio. In der linken entfernteren Ecke führt eine Gasse nochmals um eine Ecke und unter einem *sottopassaggio* hindurch in einen kleinen Hof. Sie sind angekommen. Nun heißt es entspannen, sich einen Wein aussuchen und sich von Giovanni ein, zwei weitere *cicheti* zubereiten lassen. Und in aller Ruhe den weiteren Verlauf des Tages zu überlegen. Entweder Sie gehen gleich nochmals um zwei Ecken in die Osteria Al Portego und essen da eine Kleinigkeit. Oder Sie machen sich auf den Weg durch die Gassen und über die Brücken zum Al Ponte. Da muss man sich setzen, zu seinem eigenen Besten beraten lassen und trotz der Enge die Beine strecken.

Der Nachmittag sollte dann der Kultur gehören: Die Kirchen Santi Giovanni e Paolo und Santa Maria Formosa stehen auf dem Programm. Auf dem Campo Santa Maria Formosa kann man dann aber seinen Aperitif bestellen und Atem holen für das Spektakel in der Enoiteca Mascareta, von der aus Sie dann nur noch den Heimweg finden müssen.

Wir sind im vornehmen Geschäftsviertel Venedigs. Touristische Höhepunkte sind die Kirchen Santi Giovanni Paolo und Santa Maria Formosa. Und *bacari* zur Erholung gibt's für jeden Geschmack.

❶ AL VOLTO

Hier kann man dem Touristentrubel entfliehen. Der Lärm ist plötzlich wie abgestellt, man setzt sich an eines der kleinen Tischchen auf der Straße oder stellt sich an die Theke. Die Auswahl an *cicheti* und Co. ist beruhigend groß, und die Weine sind okay bis überraschend gut.
Calle Cavalli, San Marco 4081
Tel.: 0039 041 522 8945

❷ I RUSTEGHI

Eine bessere Weinauswahl als hier finden Sie schwerlich. Dazu hängt der Himmel voller Schinken, und der idyllische Hof macht das Weggehen so schwer.
Corte del Tentor, San Marco 5513
Tel.: 0039 041 523 2205

❸ OSTERIA AL PORTEGO

Man muss sich zu den Stoßzeiten fast durchkämpfen, um die Theke zu erreichen. Das Al Portego ist beliebt und begehrt bei den Nachbarn und dem ganzen Viertel. Alles trifft sich hier. Die *cicheti* sind gut, die Weine auch und das Preis-Leistungs-Verhältnis ist verführerisch.
Calle Malvasia, Castello 6014
Tel.: 0039 041 522 9038

4 OSTARIA AL PONTE

Das Al Ponte ist klein, eng, voll und überladen mit Strand- und Erinnerungsgütern aus aller Welt. Die Küche besteht aus einer Herdplatte in der Ecke, und was auf den Tisch kommt, ist vorzüglich.
Calle Larga G. Gallina, Cannaregio 6378
Tel.: 0039 041 528 6157

5 ENOITECA MASCARETA

Man geht nicht in die Enoiteca Mascareta, man geht zu Mauro Lorenzon. Er ist die One-Man-Show des Lokals. Dabei ist das Essen absolute Spitze, die Atmosphäre großartig, und niemand hat mehr Passion für die autochthonen Weine als der Patron.
Calle Lunga S. Maria Formosa, Castello 5183
Tel.: 0039 041 523 0744

CARNEVALE UND COMMEDIA
Maskentreiben und große Bühne

Kein Kiosk, kein Souvenirstand, keine Zuckerbäckerei, eigentlich findet man überhaupt keinen Laden in Venedig, der nicht Karnevalsmasken anbietet: Als Lampenschirme aus Murano-Glas, als Salzstreuer, Schlüsselanhänger oder einfach als Wandschmuck für die gute Stube sind sie omnipräsent.

SITTENLOSES TREIBEN MIT TRADITION

Der historische *carnevale* ist tief in der Geschichte der *serenissima* verankert. Seit dem 13. Jahrhundert sind Gesetze überliefert, die dem oft sittenlosen Treiben irgendwie Schranken setzen sollten – mit mäßigem Erfolg. Der *carnevale* begann damals schon im Oktober und dauerte, kurz von Weihnachten unterbrochen, bis zum *mardi gras*, dem Faschingsdienstag. Überall in der Stadt, auf jedem Platz, in jedem Hof und in allen Palästen traten Theaterleute, Akrobaten und Musiker auf. Jedermann und natürlich jede Frau spielte mit, maskierte sich und mischte sich unerkannt als Adliger unter Bettler und als Bettler unter Adlige. Es heißt, etliche seien sogar als Nonnen verkleidet in Frauenklöster eingedrungen.

Napoleon, obwohl selbst nicht eben ein Kind von Traurigkeit, ging das alles dann doch zu weit, er verbot den *carnevale*. Erst Fellinis Film Casanova von 1976 und schließlich die Biennale von 1979 erweckten ihn wieder zum Leben, die Hoteliers taten das ihre. Heute gibt es wieder Bälle, Konzerte, Umzüge. Der *carnevale* ist auferstanden, und vor allem den Tourismus freut's.

DIE WELT DER COMMEDIA DELL'ARTE

Arlecchino, Pulcinella, Colombina sind zentrale Figuren des *carnevale*. Jeder kennt und liebt sie und schlüpft auch gerne in ihre Rollen. Sie entstammen einer Gaukler- und Jahrmarktstradition, die seit der Renaissance die *piazza*, *mercati* und *calle* belebt. Oft etwas derb, nicht selten obszön unterhalten diese Figuren das Publikum. Sie tragen Masken, improvisieren, reißen Possen und Witze und locken den Zuschauern das Geld aus der Tasche.

VON ARLECCHINO BIS ZUM DOTTORE

Arlecchino ist der berühmteste von allen. Sein Kleid besteht aus bunten Flicken, er nimmt das Leben leicht und lässt die Spatzen pfeifen. Stets hat er Hunger, versteht sich auf Listen und Tricks. Kann alles, vor allem Luftsprünge, Purzelbäume und andere Kunststückchen.

Brighella ist der zwiespältige Freund von Arlecchino. Etwas verschlagen, listig und völlig skrupellos, wenn es um seinen Vorteil geht. Er trägt ein weißes Kostüm, die Maske ist meist schwarz mit einem gezwirbelten Schnurrbart. Er singt gern und begleitet sich auf seiner Laute.

Pulcinella, ebenso faul wie gefräßig, spielt gerne den Clown und trägt ein komplett weißes Kostüm mit einer schwarzen Maske, aus der eine riesige Nase wächst.

Colombina trägt keine Maske, sie ist das Dienstmädchen der vornehmen Familie. Scherzt, nimmt kein Blatt vor den Mund und verdreht Arlecchino den Kopf.

Aber auch die Vornehmen dürfen nicht fehlen:

Pantaleone trägt einen schwarzen Mantel und eine enge rote Hose. Er ist alt, ziegenbärtig und hat eine Hakennase. Trotz seines vielen Geldes ist er geizig. Arlecchino und Brighella sind seine Diener, die ihn nicht immer mit Erfolg zu überlisten versuchen.

Der Dottore zeigt mit ein paar lateinischen Wörtern gerne, wie gelehrt er ist, oder sein möchte. Ganz in Schwarz mit einer weißen Halskrause und einer Brille auf der Knollennase zieht er den Spott der Leute und den Hass Pantaleones auf sich.

Der Pestarzt ist eigentlich keine Figur der Commedia dell'Arte, trotzdem trägt er eine der beliebtesten Masken. Sie besitzt einen langen krummen Schnabel, den die Ärzte während der Pestzeit gegen die Ansteckung mit Heilkräutern füllten.

② I RUSTEGHI

Der Urururgroßvater von Giovanni D'Este kam noch mit riesigen Korbflaschen von Mestre her nach Venedig und verkaufte den Wein auf der Straße. Dabei lernte er seine künftige Frau, eine begnadete Köchin, kennen. Das war vor fünf Generationen, und Giovanni ist stolz auf diese Gründungslegende seiner Wein- und Trattoria-Dynastie. Zuletzt hatte die Familie D'Este ein *bacaro* nahe bei der Hauptpost Venedigs, ein Glücksfall, denn die in der Schlange wartenden Kunden langweilten sich und griffen gern zu einer *ombra* und einem *cicheto*, das ihnen dort angeboten wurde.

Heute ist die Post geschlossen, ebenso wie viele Büros des Zentrums und Giovanni, der letzte Spross der Dynastie, musste sich neu orientieren. Sein Leitspruch heißt: »*Sono il prontosoccorso per l'appetito*«, »Ich bin die Erste-Hilfe-Station bei einem Anfall des kleinen Hungers«, und das wissen alle, die wirklich gute Häppchen und ein vorzügliches Glas Wein schätzen.

Sein Keller umfasst mittlerweile etwa 420 verschiedene Etiketten, vor allem Italiener aus dem Piemont, dem Friaul, der Toskana, aber auch aus allen anderen Regionen. Dazu kommen die besten Adressen Frankreichs und aus aller Welt. Der Wein ist seine Passion. Und die *cicheti*? Sie sind die Begleitung, die sich auf gleicher Höhe bewegen muss: Schinken aus allen Regionen Italiens und Spaniens hängen von der Decke seines Lokals. Er schneidet sie auf einer historischen Berkel aus den dreißiger Jahren. Seine Auswahl an Tomes, den kleinen, frischen Weichkäsen ist phänomenal und jeden Freitag bereitet er selbst einen *baccalà mantecato* zu. Seine Salatkreationen sind legendär. Den sogenannten traditionellen venezianischen Gerichten steht er skeptisch gegenüber.

Sein zauberhafter kleiner Innenhof ist Treffpunkt der Venezianer nach dem Theaterbesuch und zu jeder Tageszeit ein ruhender Pol ganz nahe beim Touristenstrudel, der sich auf dem gelb markierten Weg zum Rialto wälzt. Man biegt in ein kleines, unscheinbares Gässchen ein, muss sich fast bücken, um sich den Kopf an einem *sottopassaggio* nicht anzuschlagen und steht schon in einer anderen Welt.

3 AL PORTEGO

Am Vormittag ist das Al Portego fest in der Hand der Einheimischen. Die *nonna* kommt beim Einkaufen noch schnell vorbei und bestellt einen *caffè corretto* mit einem ordentlichen Schuss Grappa. Schüler, Handwerker und alles, was Durst oder einen kleinen Hunger hat, versammelt sich hier. Entsprechend voll ist es drinnen wie draußen. Touristen finden das Al Portego nur nach einer gewissen Hartnäckigkeit beim Suchen.

Bei den Crostini und *cicheti* findet man die Klassiker, dazu alles das, was die Göttin der *cicheti*-Phantasie dem Koch am Morgen einflüstert.

🔴 AL VOLTO

Obwohl nur ein par Schritte vom Trubel der Rialtobrücke entfernt, ist das Al Volto doch fast ein Geheimtip. Am Morgen türmen sich in dem kleinen hübschen Lokal die frisch gemachten *cicheti* in Bergen und duften nach frisch geschnittenem *prosciutto*, *bresaola* oder Salami. Daneben stehen Tramezzini, zum Beispiel mit einem besonders aromatischen gekochten Schinken aus Triest und roter und gelber *peperonata*.

Der Vater von Sebastiano führte früher ein Restaurant in Murano, wo Sebastiano selbst das Handwerk von der Pike auf lernte. Am Mittag und am Abend kann man im Al Volto auch »richtig« essen. Ein paar Tische auf der ruhigen Gasse lassen einen Atem holen vom Lärm und Getümmel der Stadt.

🔴 AL PONTE

Das Al Ponte liegt direkt am Kanal und wie der Name sagt, schon fast auf der Brücke zum Campo Santi Giovanni e Paolo. Vor hundert Jahren war es eine *bottega d'approdo*: eine Kneipe für die Kanalschiffer, in der man eine *ombra* und ein halbes Ei mit Sardelle bestellen konnte. Vor zehn Jahren haben es Romeo und Juan übernommen. Jetzt bekommt man auch ein komplettes Menü: Vor allem frischen, absolut frischen Fisch, den sie jeden Tag auf dem Markt besorgen. Juan ist als Koch der Herr über die einzige Herdplatte in der Ecke hinter dem Tresen. Für ihn und das ganze Al Ponte gilt: Vertrauen ist gut.

Ein besseres Preis-Leistungs-Verhältnis sucht man in Venedig vergebens. Man trifft Krawattenleute ebenso wie Junge und natürlich auch Touristen. Alle finden irgendwie Platz auf den rustikalen Möbeln in dem winzigen Lokal zwischen allerhand Tand, der die Wände zu einem kleinen Kuriositätenkabinett macht.

5 MASCARETA

Man hatte uns den Wirt des Mascareta, Mauro Lorenzon, als »un po pazzo«, »ein bisschen verrückt« angekündigt, und das war nicht ganz falsch. Mauros Enoiteca fällt aus allen Kategorien, ist ein bisschen *bacaro*, ein bisschen Trattoria, vielleicht sogar ein bisschen Ristorante. Aber sein Herz schlägt seit jeher und noch immer im traditionellen *bacaro*.

Abends um sieben öffnet er seine Tore in der schmalen Calle Lunga S. Maria Formosa. Dann ist noch die Zeit der *ombre* und der *cicheti*, langsam kommen aber auch die Gäste zum Abendessen, und sie finden, neben den Zugvögeln, am Tresen oder am Tisch problemlos ihren Platz. Niemand stört sich am andern, schon gar nicht der Wirt und seine Crew. Die Stimmung bleibt ruhig und gelassen, man kommt und geht, verweilt, zieht weiter.

Mauro hat das Mascareta seit über zehn Jahren geprägt. Ihm gilt seine ganze Passion. Und das spürt man in jedem Detail. Das Wohl der Gäste ist sein oberstes Ziel, man hofft für ihn, dass das Rechnen dabei nicht zu kurz kommt. Mit einem Kreis von Freunden hat er eine Art Bruderschaft gegründet, um die Seriosität der venezianischen Küche zu schützen. Die Verführungen des schnellen Geldes mit den ahnungslosen Touristen habe schon zu viele Restaurants verkommen lassen. Als Präsident der Bruderschaft hat er eine Charta erarbeitet und setzt diese Philosophie auch durch. Es sei nicht einfach, sagt er, aber er könne nicht anders. »Un po pazzo« eben!

Besonders gefallen haben uns seine Weine. Ohne Wenn und Aber öffnet er jede gewünschte Flasche seines riesigen Sortiments und schenkt glasweise aus. Das Risiko bleibt bei ihm, und auch die Freude, wenn ein Gast wirklich etwas Neues entdeckt hat.

Fangfrisch ist sein Fisch. Man kann einen Teller gemischte Fische bestellen und hat genug für zwei. Das gleiche gilt für *salumi*, *prosciutto* und *formaggio*. Die Kellner helfen und beraten. Auch wenn es darum geht, ein ganzes Menü auszuwählen.

Nach zehn sind die Gäste mit dem »großen« Essen weitgehend fertig, und das Mascareta wird wieder zum *bacaro*. Glasweise bestellen die Passanten, Einheimische und Fremde ihren Wein und nehmen dazu ein *cicheto*, die Freude an beidem ist garantiert.

WEIN ENTDECKEN
Bacari sind Wundertüten

In vielen *bacari* hängen alte Fotos: Fast alle zeigen die Väter und Vorväter der heutigen Besitzer mit großen Korbflaschen, aus denen sie Wein in Krüge und Gläser ausschenken und verkaufen.

Der Weinhandel stand fast überall am Anfang, der Ausschank entwickelte sich dann ganz von selbst. Man ist stolz auf diese Tradition, führt sie bewusst weiter und erzählt gerne davon. Der eine *bacaro* hat seine Wurzeln im hügeligen Gebiet von Treviso, der andere im Piave und viele in Apulien, von wo die Vorfahren den gehaltvollen Rotwein für die schwer arbeitenden Handwerker importierten. Oft werden diese alten Beziehungen zu den Winzern über die Generationen hinweg weitergegeben und mit ihnen auch die Leidenschaft für den Wein. Das merkt man vielen Bacarobesitzern an, wenn man ihnen vertraut und mit ihnen den Wein probiert.

Zum Standard-Inventar jedes *bacaro* gehört daher auch eine schwarze Schulwandtafel. Hier listet der Besitzer seine Schätze auf. Lassen Sie sich einen Moment Zeit, das Studium ist oft erstaunlich ergiebig. Man findet natürlich alle einheimischen Klassiker, vom Prosecco bis zum Soave und Merlot. Aber man macht oft auch echte Entdeckungen, selbst in sonst recht einfachen *bacari*. Sie widerspiegeln die Familiengeschichten und damit die Fäden der Tradition.

SPUMANTI

Prosecco ist natürlich allgegenwärtig (siehe S. 65). Jeder *bacaro*-Besitzer ist auch fest davon überzeugt, dass der kleine Produzent, den er ganz exklusiv vertritt, den besten und frischesten Prosecco ganz Venedigs in die Flasche bringt. So oder so, nutzen Sie die Gelegenheit Prosecco auch jenseits der Massenware zu entdecken, manchmal macht das dann auch wirklich Spaß. Oft finden sich neben den Prosecchi auch Schaumweine aus der Franciacorta und dem Trentino. Diese sind in der Regel deutlich gehaltvoller und komplexer als die unkomplizierten Prosecchi und deshalb natürlich auch ein bisschen teurer. Aber man gönnt sich ja sonst nichts.

WEISSWEINE

Neben dem Friaul (siehe S. 135) sind das nahe Südtirol und das Trentino mit ihren duftigen Weißweinen recht gut vertreten mit Müller Thurgau, Pinot bianco und grigio, aber auch mit Traminer und Gewürztraminer. Aus dem Piemont trifft man ab und zu einen Roero Arneis oder einen Gavi. Die Palette reicht aber bis hinunter in den Süden. Wir haben einen vorzüglichen Fiano di Avellino bei Francesco in der Cantina gefunden. Die *bacari* sind bei den Weißweinen unerschöpfliche Wundertüten.

ROTWEINE

Natürlich dominieren das Veneto mit Valpolicella, Ripasso und Amarone (siehe S. 99) und das Friaul mit Cabernet und Merlot (siehe S. 135) auch bei den Rotweinen.

Daneben geht aber der Fächer ganz Norditaliens auf: das Trentino mit den beiden Spezialitäten Teroldego und Lagrein, das Piemont (Barbera und Dolcetto) und die Toskana (Chianti, Vino Nobile und Morellino). Erstaunlich oft trifft man auf Weine aus Apulien und Sizilien (Salice Salentino, Primitivo, Aglianico, Nero d'Avola).

Wer regionale autochthone Spezialitäten von der Insel Sant'Erasmo und dem nahen Veneto sucht, ist bei Mauro Lorenzon in der Enoiteca Mascareta in den besten Händen. Italienische und internationale Spitzenweine (neben »normalen«) findet man bei Giovanni im Rusteghi. Und als eigentliche Weinhandlung führt das Schiavi neben der *cicheteria* auch ein vorzügliches Sortiment bester nationaler und internationaler Etiketten.

Die Weintafel in der Osteria alla Ciurma

⑨ TOCAI D.O.C. FRIULI (BIANCO) € 1,50
③ MALBECH I.G.T. VENETO (ROSSO) € 1,5

LISTA VINI

FRIULI VENEZIA GIULIA

⑩ RIBOLLA GIALLA
⑨ CHARDONNAY D.O.C. €
⑧ MALVASIA D.O.C. 2010 €
⑪ MÜLLER THURGA D.O.C. €
⑫ GEWÜRZTRAM D.O.C. € 3

11 TRENTO
TRENTINO ALTO ADIGE

VENETO
10 UDINE
PORDENONE 9
GORIZIA

4 VICENZA
VALDOBBIADENE 3
TREVISO
7 PADOVA 1
2
VERONA 5
6
VENEZIA
TRIESTE 8

③ PROSECCO D.O.C.G. EXTRA DRY
PROSECCO D.O.C. MILLESIMATO BRUT
④ VESPAIOLO D.O.C.
⑦ GAMBELLARA D.O.C.

AREA GEOGRAFICA

① TRAMINER I.G.T. 2011 € 2,20
GLERA SUR LIE 2011 € 1,80
② CHARDONNAY FRIZZANTE I.G.T. 2011 € 2,00
SAUVIGNON I.G.T. 2011 € 2,50
PINOT GRIGIO I.G.T. 2011 € 2,00
VERDUZZO (DOLCE) I.G.T. 2011 € 2,50
ROSATO I.G.T. 2011 € 2,00
€ 2,50
D.O.C. 2011 € 2,50

BACCALÀ IN UMIDO

GESCHMORTER STOCKFISCH

Mauro Lorenzon vom Mascareta hat uns dieses Rezept seiner Mutter verraten. Sie hat den Fisch in fließendem Wasser eingeweicht und nur mit colatura di alici, der Flüssigkeit, die sich beim Einsalzen von Sardellen bildet, abgeschmeckt. Wir haben das etwas vereinfacht.

Für 4 Personen
1 Hälfte Baccalà (Stockfisch; eingesalzener Kabeljau; ca. 800 g)
2 Möhren
2 Zwiebeln
3 Stangen Staudensellerie
½ l trockener Weißwein
2 Lorbeerblätter
1 TL schwarze Pfefferkörner
4 Knoblauchzehen
2 EL Olivenöl + Olivenöl zum Beträufeln
250 g passierte Tomaten (aus dem Glas oder Tetrapack)
4 Sardellenfilets in Öl
50 g kleine aromatische Oliven
Salz
Pfeffer

Wässern ca. 2 Tage |
Zubereitung ca. 40 Min. | Garen ca. 1 Std.
Pro Portion ca. 560 kcal

1 Den Fisch mit kaltem Wasser bedecken und 48 Std. quellen lassen, dabei das Wasser mehrmals wechseln.

2 Dann die Möhren und die Zwiebeln schälen, 2 Selleriestangen waschen und putzen. Das Gemüse und die Zwiebeln grob schneiden und mit 2 1/2 l Wasser und dem Weißwein zum Kochen bringen. Die Lorbeerblätter und Pfefferkörner dazugeben, den Fisch einlegen und bei halb aufgelegtem Deckel und schwacher Hitze ca. 45 Min. garen, bis er schön weich ist. Den Baccalà im Sud abkühlen lassen.

3 Den Baccalà dann aus dem Sud nehmen und von den Häuten und den Gräten befreien. In mundgerechte Stücke schneiden oder zupfen.

4 Die übrige Selleriestange waschen und putzen. Zartes Selleriegrün hacken und beiseitelegen, den Sellerie klein würfeln. Den Knoblauch schälen und fein hacken.

5 2 EL Olivenöl in einem Topf erhitzen. Die Selleriewürfel mit dem Knoblauch darin andünsten. Das Tomatenpüree dazugeben und erhitzen. Die Sardellen abtropfen lassen, hacken und mit einer Gabel fein zerdrücken. Sardellen mit den Oliven und dem Baccalà unter die Sauce rühren und erhitzen. Alles bei schwacher Hitze ca. 10 Min. köcheln lassen. Das Schmorgericht mit Salz und Pfeffer abschmecken und mit dem Selleriegrün bestreut servieren. Dazu schmeckt Polenta – als Brei oder in Scheiben gebraten.

SEPPIOLINE AL NERO
GESCHMORTE TINTENFISCHCHEN MIT TINTE

Die dürfen in keinem Lokal fehlen, uns haben sie im Da Fiore (Foto) und bei der Vedova besonders gut geschmeckt. Und Koch Davide Verroi von der Vedova hat uns das köstliche Rezept für die schwarzen Tintenfische verraten. Übrigens kaufen auch die Köche Venedigs die Tinte inzwischen im Glas.

Für 4 Personen
700 g kleine Tintenfischchen (Seppioline)
1 Zwiebel
4 Knoblauchzehen
1 Bund Petersilie
400 g Tomaten
4 EL Olivenöl
150–200 ml trockener Weißwein
Salz
Pfeffer
ca. ½ EL Tintenfischtinte (aus dem Glas)

Zubereitung ca. 35 Min. |
Schmoren ca. 45 Min.
Pro Portion ca. 280 kcal

1 Die Tintenfischchen kalt abbrausen, größere kleiner schneiden. Die Zwiebel und den Knoblauch schälen und fein würfeln. Die Petersilie waschen und trocken schütteln. Die Blättchen abzupfen und fein schneiden, etwa 1 EL davon beiseitelegen.

2 Aus den Tomaten die Stielansätze herausschneiden. Die Tomaten mit kochendem Wasser überbrühen, kurz ziehen lassen, kalt abschrecken und häuten. Tomaten klein würfeln.

3 Das Öl in einem Topf erhitzen, die Zwiebel, den Knoblauch und die Petersilie darin unter Rühren andünsten. Die Tintenfische dazugeben und alles bei starker Hitze mind. 10 Min. weiterdünsten, bis die Flüssigkeit, die aus den Fischchen austritt, wieder verdampft ist.

4 Die Tomaten und zunächst 150 ml Wein zu den Tintenfischchen geben und alles mit Salz und Pfeffer würzen. Tintenfischchen zugedeckt bei schwacher Hitze ca. 45 Min. schmoren, bis sie schön weich sind. Zwischendurch umrühren und bei Bedarf noch etwas Wein nachgießen.

5 Die Tinte unter das Ragout mischen, die Fische mit Salz und Pfeffer abschmecken und mit der übrigen Petersilie bestreut servieren. Dazu cremige weiße Polenta servieren.

TIPP: Für *spaghetti al nero*, schwarze Spaghetti, wird das Ragout genauso zubereitet. Einziger Unterschied: Sie sollten die Fische schön klein schneiden. Die Garzeit und somit auch die Weinmenge kann etwas reduziert werden. Die frisch gekochten Spaghetti abgießen, mit dem Ragout mischen und auf jeden Fall ohne Käse servieren.

BROETO

GEMISCHTE FISCHSUPPE

Venezianer wissen erst dann, was in ihren broeto – im übrigen Italien auch brodetto genannt – kommt, wenn sie den Einkauf auf dem Rialto-Fischmarkt hinter sich haben. Denn niemand wird sich dafür eine Einkaufsliste schreiben, alle lassen sich vom Tagesangebot inspirieren.

Für 4 Personen
500 g Venusmuscheln
200 g rohe Garnelen mit Schale
¼ l trockener Weißwein
200 g kleine Tintenfische
500 g gemischte Salzwasser-Fischfilets
(z. B. Barben, Brassen, Plattfische)
500 g Tomaten
1 Stange Staudensellerie
2 Knoblauchzehen
1 kleine frische rote Chilischote
4 Zweige Thymian
je ½ Bund Petersilie und Basilikum
2 EL Olivenöl
1 Lorbeerblatt
Salz
Pfeffer
Chilifäden zum Garnieren (nach Belieben)

Zubereitung ca. 1 Std.
Pro Portion ca. 275 kcal

1 Die Muscheln waschen. Muscheln, die sich dabei nicht schließen, aussortieren und wegwerfen. Die Garnelenschalen von den Garnelen ablösen und waschen. Die Garnelen falls nötig am gewölbten Rücken einschneiden und den schwarzen Darm herauslösen. Garnelen waschen und trocken tupfen.

2 Den Wein mit 1/2 l Wasser und den Garnelenschalen zum Kochen bringen. Muscheln darin zugedeckt bei starker Hitze ca. 2 Min. kochen, bis sie sich öffnen. Muscheln abgießen, den Sud dabei auffangen und durch eine Kaffeefiltertüte gießen. Die Muscheln aus den Schalen lösen. Muscheln, die sich nicht geöffnet haben, und die Garnelenschalen wegwerfen.

3 Tintenfische waschen und evtl. halbieren. Die Fischfilets kalt abspülen, trocken tupfen und in Stücke schneiden.

4 Aus den Tomaten die Stielansätze herausschneiden. Die Tomaten überbrühen, kurz ziehen lassen, kalt abschrecken und häuten. Tomaten klein würfeln. Den Sellerie waschen, putzen und mit dem zarten Grün fein schneiden. Knoblauch schälen und fein hacken. Chili waschen, vom Stiel und den Kernen befreien und fein schneiden. Die Kräuter waschen und trocken schütteln. Die Thymianblättchen abstreifen. Petersilie und Basilikum abzupfen und fein hacken.

5 Knoblauch, Sellerie, Chili und Kräuter im Öl in einem großen Topf andünsten. Tomaten und Muschelsud dazugeben. Die Tintenfische und das Lorbeerblatt hinzufügen. Alles mit Salz und Pfeffer abschmecken und zugedeckt bei mittlerer Hitze ca. 40 Min. garen, bis die Tintenfische schön weich sind.

6 Dann die Fischstücke in den Sud geben und in ca. 5 Min. bei schwacher Hitze gar ziehen lassen. Garnelen längs halbieren und mit den Muscheln dazugeben. Alles noch 1–2 Min. ziehen lassen, bis die Garnelen sich rot verfärben und die Muscheln heiß sind. Fischsuppe abschmecken und nach Belieben mit den Chilifäden garniert servieren. Dazu passt knuspriges Weißbrot.

FOLPETTI STUFATI

GESCHMORTE BABY-OKTOPUSSE

Oktopusse im Miniformat sehen hübsch aus und schmecken köstlich. In Venedig werden sie folpetti genannt und in vielen bacari ohne Sauce auch einzeln als cicheto angeboten, mit einem Zahnstocher bespickt und auf einem kleinen Teller angerichtet.

Für 4 Personen
600 g Baby-Oktopusse
1 Zwiebel
4 Knoblauchzehen
1 kleine Möhre
½ Bund Petersilie
4 EL Olivenöl
⅛ l trockener Weißwein
2 Bio-Zitronenscheiben
2 Lorbeerblätter
Salz
Pfeffer
200 g Cockailtomaten

Zubereitung ca. 50 Min.
Pro Portion ca. 270 kcal

1 Die Baby-Oktopusse kalt abbrausen und trocken tupfen. Die Zwiebel, den Knoblauch und die Möhre schälen und sehr klein würfeln. Die Petersilie waschen und trocken schütteln, die Blättchen abzupfen und fein schneiden.

2 Das Olivenöl in einem Topf erhitzen. Die Zwiebel, den Knoblauch, die Möhre und die Petersilie darin unter Rühren kurz andünsten. Die Oktopusse dazugeben und kurz mitbraten. Den Wein angießen, die Zitronenscheiben und den Lorbeer dazugeben und die Oktopusse mit Salz und Pfeffer abschmecken.

3 Die Oktopusse zugedeckt bei schwacher Hitze ca. 30 Min. schmoren, bis sie schön weich sind.

4 Kurz vor Ende der Garzeit die Tomaten waschen oder häuten und je nach Größe ganz lassen oder halbieren. Die Tomaten zu den Oktopussen geben und kurz miterwärmen. Alles mit Salz und Pfeffer abschmecken und sofort servieren. Dazu schmeckt Polenta oder Weißbrot und ein Salat.

ACCIUGHE AL FORNO

FRISCHE SARDELLEN AUS DEM OFEN

Eine köstliche Zubereitungsart für die aromatischen kleinen Sardellen, die in Venedig ebenso oft frisch auf den Tisch kommen wie die größeren und etwas dickeren Sardinen. Auf diese Art zubereitet, werden die gesunden kleinen Fische gerne in der Trattoria da Fiore serviert.

Für 4 Personen
600 g frische Sardellen
2 Stangen Staudensellerie
Salz
8 Zweige Thymian
1 EL Kapern (am besten in Salz eingelegt)
Pfeffer
4 EL trockener Weißwein
5 EL Olivenöl

Zubereitung ca. 40 Min. |
Backen ca. 20 Min.
Pro Portion ca. 275 kcal

1 Die Sardellen gründlich kalt abbrausen. Die Köpfe abschneiden, die Sardellen am Bauch aufschneiden und die Innereien heraustrennen. Die Mittelgräte mit einem Löffelstiel anheben und vorsichtig vom Fischfleisch abziehen.

2 Die Sardellen nochmals kalt abspülen und trocken tupfen. Nebeneinander in eine feuerfeste Form legen.

3 Den Sellerie waschen, putzen und in Würfel schneiden. Zartes Selleriegrün fein hacken. In einem Topf etwas Wasser zum Kochen bringen und salzen. Den Sellerie darin ca. 2 Min. vorgaren. Selleriegrün untermischen und nur zusammenfallen lassen. Den Sellerie kalt abschrecken und abtropfen lassen.

4 Den Backofen auf 200° vorheizen. Den Thymian waschen und trocken schütteln. Die Blättchen von den Stielen streifen. Kapern in Salz abspülen. Sellerie, Kapern und Thymian mischen. Die Sardellen mit Salz und Pfeffer würzen, die Selleriemischung darauf verteilen. Den Wein mit dem Öl verrühren und angießen.

5 Die Sardellen im heißen Ofen (Mitte) ca. 20 Min. backen, bis sie gar und leicht gebräunt sind. Kurz stehen lassen, dann mit frischem Weißbrot servieren.

TIPP: Wenn Sie keine frischen Sardellen in Ihrem Fischgeschäft bekommen, können Sie ersatzweise auch sehr gut kleine Sardinen nehmen.

Fisch und Meeresfrüchte

SARDE FRITTE

FRITTIERTE SARDINEN

Meist gibt es am Mittwoch Abend im All'Arco frisch frittierten Fisch. Sardinen sind besonders köstlich, machen aber in der kälteren Jahreszeit eine Menge Arbeit. Matteo weiß warum: Wenn es kälter wird, ist das Fleisch der Sardinen fester und die Mittelgräte lässt sich nicht so leicht entfernen.

Für 4 Personen
700 g frische Sardinen
Salz
Pfeffer
50 g Mehl
2 Eier (Größe M)
¾ l Olivenöl oder neutrales Öl zum Frittieren

Zubereitung ca. 40 Min.
Pro Portion ca. 255 kcal

1 Die Sardinen waschen und bei Bedarf auch schuppen. Die Köpfe abschneiden. Die Sardinen am Bauch aufschneiden und aufklappen. Die Innereien herausnehmen, die Mittelgräte vorsichtig anheben und abziehen, dabei auch die Schwanzflosse mit entfernen. Die Sardinen nach dem Ausnehmen nochmals gründlich kalt abspülen und trocken tupfen.

2 Die Sardinen mit Salz und Pfeffer würzen. Das Mehl auf einen tiefen Teller geben. Die Eier in einem anderen Teller aufschlagen und verquirlen.

3 Das Öl zum Frittieren in einem Topf sehr gut erhitzen. Die Sardinen nach und nach im Mehl wenden und überschüssiges Mehl gut abklopfen. Dann durch die Eier ziehen und gleich ins heiße Fett legen. Die Sardinen jeweils 2–3 Min. frittieren, bis sie leicht gebräunt sind. Mit dem Schaumlöffel herausheben und auf einer dicken Lage Küchenpapier gut abtropfen lassen. Wenn alle Sardinen frittiert sind, diese gleich servieren. Dazu passt knuspriges Weißbrot und evtl. etwas Zitrone zum Beträufeln.

Nur mit viel Geduld und Geschicklichkeit kann man Sardinen so kunstvoll und fachgerecht vorbereiten.

CALAMARI RIPIENI

GEFÜLLTE CALAMARI

Auch dieses feine Calamari-Rezept finden Sie in nahezu jedem bacaro in der Vitrine – mal kalt, mal warm serviert, mal als cicheto, mal mit Polenta oder Brot als Hauptsache. Diese Variante hat uns besonders gut geschmeckt und zwar im Do Spade.

Für 4 Personen
600 g küchenfertige Tintenfischbeutel (möglichst gleich groß, je ca. 8 cm lang)
100 g Weißbrot vom Vortag
1 Tomate
4 getrocknete, in Öl eingelegte Tomaten
3 EL schwarze Oliven
2 Sardellenfilets in Öl
1 EL Kapern (am besten in Salz eingelegt)
1 Ei (Größe S)
4 EL Olivenöl
Salz
Pfeffer
⅛ l trockener Weißwein oder Fischfond
Zahnstocher zum Verschließen

Zubereitung ca. 40 Min. |
Schmoren ca. 30 Min.
Pro Portion ca. 355 kcal

1 Die Tintenfischbeutel waschen und trocken tupfen. Das Brot in einer Schüssel mit lauwarmem Wasser bedecken und in ca. 10 Min. weich werden lassen.

2 Inzwischen die Tomate waschen oder häuten und sehr klein würfeln, den Stielansatz dabei herausschneiden. Die getrockneten Tomaten abtropfen lassen und klein schneiden. Olivenfleisch von den Steinen schneiden. Die Sardellenfilets abtropfen lassen. Kapern in Salz abspülen. Kapern, Oliven und Sardellen sehr fein hacken.

3 Das Brot ausdrücken und mit den frischen und den getrockneten Tomaten, der Kapernmischung, dem Ei und 1 EL Olivenöl gründlich verkneten. Mit Salz und Pfeffer abschmecken und in die Tintenfischbeutel füllen. Füllung nicht zu fest hineindrücken, sonst platzen die Tintenfische beim Garen auf. Die Öffnung mit Zahnstochern verschließen.

4 Das übrige Olivenöl in einem weiten Topf erhitzen. Die Tintenfische darin rundherum anbraten. Wein oder Fischfond dazugießen und die Tintenfische zugedeckt bei schwacher Hitze ca. 30 Min. schmoren, bis sie schön weich sind. Warm oder abgekühlt servieren.

Feiner Fischteller mit Tintenfisch- und Oktopus-Variationen

TYPISCH VENEDIG

Fisch und Meeresfrüchte aus der Lagune

BACCALÀ

... kommt in Venedig bestimmt genauso oft auf den Tisch wie frischer Fisch. Überall sonst in Italien ist *baccalà* eingesalzener und getrockneter Kabeljau, der dadurch haltbar gemacht wird. Nicht so in Venedig: Dort nennt man den nur durch Trocknen konservierten Stockfisch *baccalà*. Schon seit vielen Jahrhunderten kommt diese beliebte Fischspezialität aus Norwegen und anderen kühlen Ländern nach Venedig. Rund um den Fischmarkt bei der Rialtobrücke ist er schon fertig eingeweicht zu haben. Da man bei uns den eingesalzenen Fisch leichter bekommt als den getrockneten und seine Zubereitung außerdem weniger aufwändig ist, haben wir diesen für unsere Rezepte verwendet. (Foto 3)

CANESTRELLI

... sind kleine zarte Jakobsmuscheln, die fast immer in der Schale serviert werden. Besonders fein: Die Muscheln mit wenig Öl und evtl. ein paar gehackten Kräutern und Salz würzen und im Ofen bei 200° nur 4–6 Min. backen, bis sich das Muschelfleisch hell färbt, aber noch glasig aussieht. Dann vor dem Servieren nur mit wenig Zitronensaft und etwas frischem Öl beträufeln. (Foto 4)

CAPELONGHE

... sind lange, schmale Muscheln und heißen auch Schwertmuscheln. Die Venezianer essen sie wie andere Muscheln auch am liebsten roh. Die Muscheln dazu einige Stunden in frisches Wasser legen, dann auf einem Teller anrichten. Zitronensaft, Olivenöl, Salz und Pfeffer mit dazu stellen. Die Muscheln mit der Gabel aus den Schalen lösen und nach Belieben würzen. (Foto 2)

FOLPETTI

... heißen Oktopusse im Miniformat; *calamaretti* oder *zottoletti* sind kleine Tintenfische. Beide werden in einem Sud mit Kräutern, Gewürzen und Wein oder Wasser im ganzen geschmort und als *cicheto* mit einem Zahnstocher serviert: kalt oder gewärmt, als Salat, frittiert und auf Spieße gesteckt oder in einer Sauce geschmort.

GÒ

... sind kleine Lagunenfische, die zu den Grundeln gehören. Waren sie früher Nahrung für die Armen, weil sie so zahlreich in den Kanälen Venedigs schwammen, sind sie heute selten und entsprechend teuer. Sie geben Risotto und auch Fischsuppe das besondere Etwas. (Foto 1)

GRANSEOLA

... oder See- bzw. Meeresspinne ist eine der begehrtesten – und inzwischen auch raren – Spezialitäten der Adria und der Lagune, denn sie hat ein besonders wohlschmeckendes Fleisch. Die Seespinne gehört zur Familie der Kurzschwanzkrebse oder echten Krabben und liebt die sandigen Gründe der Lagune. Mit ihrem runden Körper, den dünnen Beinen und den schlanken Scheren ähnelt sie tatsächlich einer Spinne. Von Oktober bis Dezember sollen *granseole* besonders fein schmecken. Die beliebteste Zubereitungsart: *granseole* in einem Sud ca. 10 Min. kochen, bis sie sich kräftig rot färben. Abkühlen lassen, den oberen Panzer mit einem starken Messer abtrennen und das Fleisch herauslösen. Zerpflücken und mit Zitronensaft, Olivenöl, Salz, Pfeffer und nach Belieben gehacktem Knoblauch und fein geschnittener Petersilie mischen. Jetzt kann man sie kalt essen oder wieder zurück in die Schalen füllen und im heißen Ofen noch einmal kurz erwärmen.

MOECHE ODER MOLECHE

... kommen zweimal im Jahr auf die Speisekarte vieler *bacari*. Im Frühling zwischen April und Mai und im Herbst zwischen Oktober und November häuten sich die Krebse, um einen neuen Panzer zu bilden. Genau in diesem Moment gehen die Fischer auf Jagd: Jetzt kann man die ungeschützten Krebse nämlich mit »Haut und Haar« verspeisen. Die *moleche* werden nur mit etwas Mehl bestäubt und in heißem Öl frittiert, dann pur, auf einer Scheibe Polenta oder auf Salat anrichten! (Foto 6)

SCHIE ODER GAMBERETTI DELLA LAGUNE

... sind so junge Garnelen, dass man sie mit der Schale zubereiten und auch essen kann – eine typische Spezialität in Venedig. Am besten die Garnelen 1–2 Min. in heißem Olivenöl frittieren, dann abtropfen lassen. Mit Salz und Pfeffer würzen und die frittierten Garnelen dann pur oder auf einem Salatbett servieren.

VONGOLE

... sind Muscheln, die man sich in Venedig am liebsten roh mit Zitrone oder in einem Sud aus Weißwein, Knoblauch und Petersilie gekocht oder auch mit Pasta schmecken lässt. In der Fischsuppe *broeto* sind sie ebenfalls fast immer anzutreffen. In der Lagune gibt es zahlreiche Muschelarten, sogar unterschiedliche Venusmuscheln leben hier. In Venedig selbst liebt man *caparossoli*, etwas kleinere Muscheln, noch mehr als *vongole verace*.

Die *vongolare*, Muschelfänger, finden in der Lagune auf den sandigen Gründen optimale Bedingungen vor. Um eine Überfischung zu vermeiden, darf allerdings nicht mehr überall gesammelt werden. Aus demselben Grund werden Muscheln in der Lagune auch an Pfählen gezüchtet. Das einfachste Gericht der Muschelfänger heißt *casso e pipa*, venezianisch für Pfanne und Deckel: In der Pfanne werden Zwiebeln in Olivenöl angedünstet. Dahinein kommen die Muscheln ohne Flüssigkeit und garen zugedeckt bei starker Hitze, bis sie sich öffnen. Der aromatische Sud wird dann mit reichlich knusprigem Brot aufgetunkt. (Foto 5)

GLOSSAR KULINARISCH

Articiòco: Venezianisch für Artischocke, die auf italienisch *carciofo* heißt.

Baccalà: Durch Einsalzen haltbar gemachter Kabeljau aus Norwegen, in Venedig und dem Veneto auch durch Trocknen haltbar gemachter Kabeljau (der im übrigen Italien *stoccafisso* heißt). Kann man bei uns im Fischhandel kaufen oder vorbestellen, gibt es aber auch in spanischen und portugiesischen Fachgeschäften.

Baìcoli: Hartes venezianisches Gebäck, das zweimal gebacken wird.

Bechèr: Venezianisch für Metzger, im Namen vieler Gassen, *calle,* zu finden.

Bigoli: Spaghetti-ähnliche Nudeln, die man im Veneto auch aus Vollkornmehl macht. Sie sind in der Regel etwas dicker als Spaghetti, können aber immer durch diese ersetzt werden.

Bisato: So wird im Veneto der Aal genannt, wenn er ausgewachsen ist.

Bisi: Venezianisch für Erbsen, die auf Italienisch *piselli* heißen.

Borlottibohnen: Große Bohnen mit roten Sprenkeln, die beim Garen etwas verblassen. Kann man im Spätsommer auf den Märkten in den Hülsen frisch kaufen (ausgelöst haben sie eine Garzeit von ca. 20 Min.), und bekommt man das ganze Jahr über getrocknet. Borlottibohnen gelten als die besten Italiens.

Canocchia oder canoce: Der Heuschreckenkrebs ist länglich und wird gegart mit Petersilie, Knoblauch und Zitronensaft angemacht oder unter den Meeresfrüchtesalat gemischt. Kann durch Scampi ersetzt werden.

Canolicchio oder capelonghe: Heißen bei uns Schwertmuscheln oder Messerscheiden und sind lange und dünne Muscheln, die man in Venedig meist mit anderen Meeresfrüchten genießt. Müssen vorsichtig geöffnet werden, da die Schalenhälften sehr scharf sind.

Caparòssoli: venezianischer Name für Venusmuscheln, die hier oft besonders klein sind.

Castradina: Ein Gericht, das man zum Redentorefest im November traditionell zubereitet: Gepökelte und geräucherte Hammelkeule wird gekocht und zusammen mit Wirsing serviert.

Castraùre: So nennt man die kleinen zarten Artischocken, die in Venedig von der Laguneninsel Sant'Erasmo kommen.

Catalogna: Kultivierter Löwenzahn, mit langen gebleichten Blättern, die weniger bitter schmecken als der wild gesammelte Löwenzahn. Kann man unter den Salat mischen oder als Gemüse zubereiten.

Cren: Meerrettich. Kommt in Venedig fast immer aus der Tube und wird zu gekochtem Fleisch, Wurst und Kutteln serviert.

Datteri di mare: Die Meeresdatteln sind den Muscheln ähnlich, sehen aber eher aus wie Datteln. Man isst sie in Venedig roh oder gegart.

Fas(i)oi: Venezianisch für Bohnen, meist sind Borlottibohnen gemeint.

Fenòci: Venezianisch für Fenchel, der auf Italienisch *finocchio* heißt.

Figà: Venezianisch für Leber, die auf Italienisch *fegato* heißt, und gern mit Polenta serviert wird.

Folpetti: Venezianisch für Baby-Oktopusse, die auf Italienisch *moscardini* heißen.

Gò: Kleine Aale aus dem Schlamm der Lagune. Traditionell wird mit ihnen ein Risotto zubereitet, für das man das gekochte Fischfleisch sieben muss, um die spitzen Gräten zu entfernen. Auch in den traditionellen Lokalen kaum mehr im Angebot, weil ziemlich aufwändig.

Gòto: Venezianisch für Glas, meist ist damit ein Glas Wein gemeint.

Granchio: Kleine oder größere Krebse, die man im Ganzen als einzelnes Gericht serviert oder unter Fischsuppen und Eintöpfe mischt.

Granseola oder Gransevola: Meerspinne, die man in Venedig besonders liebt und die in der Lagune vorkommt. Meist kocht man sie einfach und isst das Fleisch mit Zitronensaft, Petersilie und Öl.

Lardo: Fetter weißer Speck, der aus der Toskana (Lardo di Collonata) oder dem Aostatal (Lardo d'Arnard) oder auch aus anderen italienischen Regionen stammt. Wenn Sie keinen bekommen, nehmen Sie fetten grünen Speck, lassen ihn vom Metzger sehr dünn schneiden und salzen ihn noch leicht.

Lati di sepia: Tintenfischeier, die man roh, gebraten oder in der Frittata isst.

Mascarpone: Die Frischkäsespezialität aus der Lombardei wird überall in Norditalien für die Zubereitung von Cremes und Desserts verwendet. Der cremige Käse wird aus aufgerahmter Sahne hergestellt und hat einen Fettgehalt von bis zu 40 %. Im Veneto ist Mascarpone unverzichtbar im Tiramisù.

Musetto: Eine Wurst, die vor allem aus Kopffleisch zubereitet wird. In der Brühe erwärmt und in Scheiben mit Senf und Meerrettich serviert, ist sie eine traditionelle winterliche Spezialität, die noch in manchen *bacari* angeboten wird.

Nervetti: Gekochte Kalbs- oder Rindersehnen, die mit Zwiebeln, Petersilie, Essig und Öl serviert werden.

Parsèmolo: Venezianisch für Petersilie, die auf Italienisch *prezzemolo* heißt.

Parsùto: Venezianisch für *prosciutto*, Schinken.

Pegorin: Venezianisch für Käse aus Schafmilch.

Polenta: Maisgrieß, der mehr oder weniger fein gemahlen sein kann und zu Brei gekocht und als Beilage serviert wird. Im Veneto auch aus weißen Maiskörnern im Handel und in diesem Fall etwas milder.

Pòmi: Venezianisch für Äpfel.

Radicchio di Castelfranco: Diese Sorte hat grüne Blätter mit roten Sprenkeln und eher locker geschlossenen Köpfen. Man bekommt sie inzwischen auch bei uns auf größeren Märkten und in gut sortierten Gemüseläden.

Radicchio di Chioggia: So nennt man im Veneto die runden roten Köpfe, die bei uns schlicht unter dem Namen Radicchio verkauft werden. Er soll dicht geschlossene Blätter und feste Köpfe haben.

Radicchio di Treviso: Diese Sorte hat längliche und mehr oder weniger fest anliegende Blätter. Er wird auch Trevisano genannt.

Radicchio tardivo: Gilt als der echte Radicchio – *radicchio vero* – und hat längliche Stauden mit langen schlanken und nicht geschlossenen Blättern.

Risottoreis: Mittelkornreis. Am besten schmecken Vialone, Carnaroli und Arborio.

Saor: Venezianisch für *sapore*, deutet im Veneto auf in Essigsud mit Zwiebeln würzig eingelegte Fische und Gemüse hin. Oft sind Rosinen und Pinienkerne mit von der Partie.

Schie: Kleine Garnelen aus der Lagune Venedigs, die man bei uns nicht bekommt. Nehmen Sie stattdessen kleine Scampi.

Sèpe: Venezianisch für *seppie*, Tintenfische.

Sopressa: Diese relativ fette und weiche Salami wird im Veneto roh als Antipasto oder Imbiss gegessen, aber auch gekocht oder gebraten und beispielsweise zu Polenta serviert. Roh genossen ersetzt man sie am besten durch andere nicht zu harte Salami, gekocht oder gebraten durch frische Salsicce (Würste) aus Schweinefleisch.

Spàresi: Venezianisch für Spargel.

Spienza: Venezianisch für *milza*, Milz.

Sucà: Venezianisch für Kürbis.

Suca baruca: Kürbisart aus Chioggia mit grüner warziger Schale. Lässt sich problemlos durch alle anderen Kürbisarten, besonders gut aber durch Muskatkürbis ersetzen. Für Kürbisgnocchi am besten Butternut oder Hokkaido verwenden.

Tècia: Venezianisch für Topf oder Pfanne.

Tintenfischtinte: Färbt kräftig schwarz und hat einen intensiven Geschmack. Früher hat man sie aus den Tintenfischen herausgeholt, heute kauft man sie im Glas beim Fisch- oder Feinkosthändler.

GLOSSAR WEIN

Abbocato: Leicht lieblich
Acidità: Säure
Amabile: Lieblicher als abbocato
Amaro: Bitter
Ampio: Reich, voll, komplex
Annata: Jahrgang
Asciutto: trocken
Astringente: Zusammenziehend, adstringierend
Beverino: Einfacher, frischer Wein, den man gern und leicht trinkt
Bianco: Weiß
Bottiglia: Flasche
Caldo: Warm
Classico: Kerngebiet einer Appellation
Corpo: Körper
Delicato: Delikat, harmonischer Wein mit Finesse
DOC: Denominazione di Origine Controllata; Staatliche Herkunfts- und Produktionsgarantie
DOCG Denominazione di Origine Controllata e Garantita: Staatliche Herkunfts- und Produktionsgarantie für die besten italienischen Weinregionen
Dolce: Süß
Duro: Hart, tannin- und/oder säurereich
Enoteca: Weinhandlung, meist mit Ausschank
Equilibrato: Ausgewogen, harmonisch
Etichetta: Etikett
Fresco: Frisch, kühl
Fruttato: Fruchtig
Giovane: Jung, noch unreif
Gusto: Geschmack
Frizzante: Perlend (nicht schäumend), im Gegensatz zu Spumante
IGT Indicazione Geografica Tipica: Einfacher Wein aus einer bestimmten Region, bzw. Weine, die noch keinen DOC-Status haben. Hier gibt es auch Spitzenweine, die den DOC-Vorschriften nicht entsprechen.

Imbottigliato all'origine: Erzeugerabfüllung
Immaturo: Unreif
Intenso: Intensiv, kräftig
Invecchiato: Gelagert, gereift
Leggero: Leicht
Limpido: Klar, sauber
Liquoroso: Gespriteter Wein, alkoholstarker Dessertwein
Magro: Dünn, mager
Morbido: Weich
Ossidato: Oxidiert, der Wein hat durch zu langen Luftkontakt an Frische verloren
Passito: Aus getrockneten Trauben gekelterter, in der Regel süßer und starker Wein
Pieno: Voll, in Bezug auf Körper und Alkoholgehalt
Riserva: Längere Reifung
Rosato: Rosé
Rosso: Rot
Rotondo: Rund
Sapore: Geschmack
Secco: Trocken, bei Schaumweinen weniger trocken als Brut
Spumante: Schaumwein
Struttura: Struktur
Superiore: DOC-Wein von höherer Qualität
Tannino: Tannin, Gerbsäure
Tappo: Korken
Uva: Traube
VdT Vino da Tavola: Einfacher Wein
Vecchio: Alt
Vendemmia: Ernte, Lese; kann auch Jahrgang bedeuten
Vino novello: Neuer Wein, wie Beaujolais Nouveau
Vitigno: Rebsorte
Vivace: Lebhaft, spritzig

REZEPTREGISTER

Die Rezepte sind in alphabetischer Reihenfolge aufgelistet. Sie finden sie hier auch unter ihren **fettgedruckten** Hauptzutaten.

A

Acciughe al forno 175
Artischocken
    Crostini mit Käsecreme und Artischocken (Variante) 100
    Crostini mit rohen Artischocken 100
Auberginen
    Frittierte Fleisch- und Auberginenbällchen 70
    Frittierte gefüllte Auberginen 78
    Geschmorter Oktopus auf Rosmarinpolenta 119

B

Baccalà (Info) 180, 184
Baccalà fritto 79
Baccalà in umido 168
Baccalà mantecato 36
Baccalà s. Stockfisch
Balsamicocreme (Kurzrezept) 122
Bigoli in salsa 143
Bis di saor 41
Borlottibohnen (Info) 184
    Nudeln mit Bohnen 142
Broeto 172

C

Calamari ripieni 178
Canestrelli (Info) 180
Capelonghe (Info) 180, 184
Crostini (Kurzrezepte und Blitzideeen) 122
Crostini agli asparagi 108
Crostini al lardo e castagne 106
Crostini al lardo e pesto di rucola 106
Crostini al tonno 104
Crostini al tonno affumicato 104
Crostini alla crema di fegato 111
Crostini alla crema di pancetta 111
Crostini con carciofi crudi 100
Crostini con crema di asparagi 108
Crostini con crema di formaggio e carciofi 100
Crostini con crema di noci 102
Crostini con crema di zucca 107
Crostini di polenta 112
Crostini mit fettem Speck und Rucolapesto 106
Crostini mit geräuchertem Thunfisch (Variante) 104
Crostini mit Käsecreme und Artischocken (Variante) 100
Crostini mit Kürbiscreme 107
Crostini mit Lebercreme 111
Crostini mit Nusscreme 102
Crostini mit rohen Artischocken 100
Crostini mit Spargel 108
Crostini mit Spargelcreme (Variante) 108
Crostini mit Speck und Kastanien (Variante) 106
Crostini mit Speckcreme (Variante) 111
Crostini mit Thunfisch 104

E/F

Erbsen-Risotto 139
Fiori di zucca fritti 76
Fiori di zucchine farcite 76
Fisch, roh marinerter 37
Fischbällchen 73
Fischsuppe 172
Flan di porcini 75
Flan mit Steinpilzen 75
Fleisch- und Auberginenbällchen 70
Folpetti (Info) 180
    Folpetti stufati 174
Frische Sardellen aus dem Ofen 175
Frittata agli asparagi 51
Frittierte Fleisch- und Auberginenbällchen 70
Frittierte gefüllte Auberginen 78
Frittierte Sardinen 176
Frittierter Stockfisch 79

G

Gamberetti su polenta nera 116
Garnelen und Scampi
    Garnelen auf schwarzer Polenta 116
    Gemischte Fischsuppe 172
    Risotto mit Garnelen 140
    Spaghetti mit Scampi 144
Gebackene Kürbisblüten 76
Gefüllte Calamari 178
Gefüllte Gemüse 48
Gefüllte Zucchiniblüten (Variante) 76
Gemischte Fischsuppe 172
Gemüselasagne 148
Geschmorte Baby-Oktopusse 174
Geschmorte Tintenfischchen 171
Geschmorter Oktopus auf Rosmarinpolenta 119
Geschmorter Stockfisch 168
Gnocchi di zucca 147
Gò (Info) 180, 184
Gorgonzola
    Crostini mit Käsecreme und Artischocken (Variante) 100
    Crostini mit Kürbiscreme 107
    Gemüselasagne 148
Granseola (Info) 181, 184

K

Kräuterpolenta (Variante) 112
Kürbis und Kürbisblüten
    Crostini mit Kürbiscreme 107
    Dicke Nudeln mit Kürbis 146
    Gebackene Kürbisblüten 76
    Kürbisgnocchi mit Salbeibutter 147
    Risotto mit Kürbis und Radicchio (Variante) 139
    Schwarze Polenta mit Kürbisflan 115
    Zweierlei süß-saure Gemüse 41

L

Lardo di Collonata (Info) 184
    Crostini mit fettem Speck und Rucolapesto 106
    Crostini mit Speck und Kastanien (Variante) 106
    Geschmorter Oktopus auf Rosmarinpolenta 119
    Milz – als Salat und als Creme 42

Lasagne con verdure 148
Lebercreme auf Crostini 111

M/N

Marinierte Sardinen 38
Melanzane fritte 78
Milz – als Salat und als Creme 42
Moeche/Moleche (Info) 181
Nudeln
   Dicke Nudeln mit Kürbis 146
   Gemüselasagne 148
   Nudeln mit Bohnen 142
   Spaghetti al nero (Tipp) 171
   Spaghetti mit Scampi 144
Nusscreme auf Crostini 102

O/P

Oktopus
   Geschmorte Baby-Oktopusse 174
   Geschmorter Oktopus auf Rosmarinpolenta 119
   Oktopussalat mit Gemüse 47
Omelett mit Spargel 51
Paccheri con zucca 146
Pancetta
   Crostini mit Speckcreme (Variante) 111
   Erbsen-Risotto 139
   Milz – als Salat und als Creme 42
   Radicchio aus dem Ofen 68
Panini (Blitzideen) 122
Pasta e fasoi/Pasta e fagioli 142
Pasta s. Nudeln
Pesce crudo 37
Piovra in insalata 47
Polenta (Info) 185
   Garnelen mit Ricotta auf schwarzer Polenta (Variante) 116
   Geschmorter Oktopus auf Rosmarinpolenta 119
   Kräuterpolenta (Variante) 112
   Polenta-Crostini (Grundrezept) 112
   Polenta mit Schweinefleisch und Zwetschgen 121
   Schwarze Polenta (Variante) 112
   Schwarze Polenta mit Kürbisflan 115
Polenta con maiale e prugne 121

Polenta nera con flan di zucca 115
Polpette 70
Polpette di pesce 73
Polpette di tonno 73
Polpo su polenta al rosmarino 119

R

Radicchio (Info) 185
   Crostini mit Radicchio und Räucherkäse (Kurzrezept) 122
   Crostini mit Speckcreme (Variante) 111
   Radicchio aus dem Ofen 68
   Radicchiosalat mit geräuchertem Schwertfisch (Variante) 44
   Radicchio-Sardellen-Salat 44
   Risotto mit Kürbis und Radicchio (Variante) 139
   Schwarze Polenta mit Kürbisflan 115
   Zweierlei süß-saure Gemüse 41
Radicchio al forno 68
Radicchio in insalata con acciughe 44
Radicchio in insalata con pesce spada affumicato 44
Risi e bisi 139
Risotto ai gamberi 140
Risotto alla zucca con radicchio 139
Risottoreis (Info) 185
   Erbsen-Risotto 139
   Risotto mit Garnelen 140
   Risotto mit Kürbis und Radicchio (Variante) 139
   Thunfischbällchen (Variante) 73
Roh marinierter Fisch 37

S

Sarde fritte 176
Sarde in saor 38
Sardellen aus dem Ofen 175
Sardinen
   Frittierte Sardinen 176
   Marinierte Sardinen 38
Schie (Info) 181, 185
Schwarze Polenta (Variante) 112
Schwarze Polenta mit Kürbisflan 115
Schweinefleisch und Zwetschgen auf Polenta 121
Seppioline al nero 171

Spaghetti al nero (Tipp) 171
Spaghetti alla busara 144
Spaghetti mit Sardellensauce 143
Spaghetti mit Scampi 144
Spargel
   Crostini mit Spargel 108
   Crostini mit Spargelcreme (Variante) 108
   Gemüselasagne 148
   Spargelomelett 51
Spienza e crema di milza 42
Steinpilz-Flan 75
Stockfisch/Baccalà
   Frittierter Stockfisch 79
   Geschmorter Stockfisch 168
   Stockfischpüree 36

T

Thunfisch
   Crostini mit Thunfisch 104
   Crostini mit geräuchertem Thunfisch (Variante) 104
   Thunfischbällchen (Variante) 73
   Thunfischtatar mit Orange (Variante) 37
   Tramezzini mit Thunfisch (Kurzrezept) 122
Tintenfische
   Gefüllte Calamari 178
   Gemischte Fischsuppe 172
   Geschmorte Tintenfischchen 171
   Spaghetti al nero (Tipp) 171
Tonno crudo all'arancia 37
Tramezzini (Kurzrezept und Blitzideen) 122

V/W

Verdure ripiene 48
Vongole (Info) 181

Z

Zucchini und Zucchiniblüten
   Gefüllte Gemüse 48
   Gefüllte Zucchiniblüten (Variante) 76
Zweierlei süß-saure Gemüse 41

ORTS- UND SACHREGISTER

Ausführliche Beschreibung des Viertels oder der Weinbar s. **fett** gedruckte Seite, Adressen s. *kursiv* gesetzte Seitenzahl.

A
Acqua alta 8
Al Diavolo e l'Acqua Santa *20*, **28**
Al Mercà *20*, **25**
Al Ponte *155*, **161**
Al Portego *154*, **160**
Al Timon *55*, *58*, **60**, 111
Al Volto 146, *154*, **161**
All'Arco *20*, **22**, *37*, 100, 106, 176
Alla Vedova 126, *128*, **131**, 148, 171
Alsquero 84, **89**, 100
Amarone 99

B/C
Bancogiro *20*, **24**, *38*, 116, 119
Bellini 65
Cà d'Oro s. Alla Vedova
Cannaregio 10, **55**, 58
Cantina Do Mori s. Do Mori
Cantina Do Spade s. Do Spade
Cantina Vecia Carbonera s. Vecia Carbonera
Cantinone Già Schiavi s. Già Schiavi
Carnevale 156
Castello 10
Commedia dell'Arte 156

D
Da Carla 75, 82, *88*, **91**, 115, 116, 121
Da Fiore *38*, **42**, *88*, **92**, 171, 175
Da Lele 84, *89*, **96**
Do Colonne *55*, *58*, **63**
Do Mori *20*, **29**
Do Spade *20*, **27**, *47*, 178
Dorsoduro 10, **84**, 88

F/G
Fischmarkt von Rialto 19
Ghetto **55**, 56, 58
Già Schiavi 84, *88*, *89*, **95**, 102, 107, 164

I/L
I Rusteghi *154*, **158**, 164
La Bottega Ai Promessi Sposi *128*
La Cantina 44, 126, *128*, **133**
La Ciurma *20*, **26**, 78

M/O
Mascareta *155*, **163**, 164, 168
Mercato di Rialto 19
Ostaria Al Diavolo e l'Acqua Santa s. Al Diavolo e l'Acqua Santa
Ostaria Al Ponte s. Al Ponte
Osten Venedigs 153, **154**
Osteria Al Portego s. Al Portego
Osteria All'Arco s. All'Arco
Osteria Alla Ciurma s. La Ciurma
Osteria Bancogiro s. Bancogiro
Osteria Cà d'Oro, Alla Vedova s. Alla Vedova
Osteria Da Carla s. Da Carla

P/R
Panificio Volpe Giovanni *58*, **56**
Prontopesce *20*, **29**
Prosecco 65
Rialto **17**
Ripasso 99

S/T
San Marco 10, **82**, 88
San Polo 10
Santa Croce 10, **84**, 88
Santa Maria Formosa 153, **154**
Santi Giovanni e Paolo 153, **154**
Soave 99
Spritz 65
Spumanti 164
Strada Nova 126, 128
Trattoria da Fiore s. Da Fiore

V
Valpolicella 99
Vaporetto fahren 8
Vecia Carbonera 107, 126, *128*, **130**

W
Wein
  Amarone 99
  Bellini 65
  Prosecco 65
  Ripasso 99
  Soave 99
  Spritz 65
  Spumanti 164
  Valpolicella 99
  Weine aus dem Friaul 135
  Weinentdeckungen 164
Weinbars/Bacari
  Al Mercà *20*, **25**
  Al Timon *55*, *58*, **60**, 111
  Al Volto 146, *154*, **161**
  Alsquero 84, *89*, 100
  Cantina Do Mori *20*, **29**
  Cantina Do Spade *20*, **27**, *47*, 178
  Cantina Vecia Carbonera 107, 126, *128*, **130**
  Cantinone Già Schiavi 84, *88*, *89*, **95**, 102, 107, 164
  Da Lele 84, *89*, **96**
  Enoiteca Mascareta *155*, **163**, 164, 168
  Enoteca Do Colonne *55*, *58*, **63**
  I Rusteghi *154*, **158**, 164
  La Cantina 44, 126, *128*, **133**
  Ostaria Al Diavolo e l'Acqua Santa *20*, **28**
  Ostaria Al Ponte *155*, **161**
  Osteria Al Portego *154*, **160**
  Osteria All'Arco *20*, **22**, *37*, 100, 106, 176
  Osteria Alla Ciurma *20*, **26**, 78
  Osteria Bancogiro *20*, **24**, *38*, 116, 119
  Osteria Cà d'Oro, Alla Vedova 126, *128*, **131**, 148, 171
  Osteria Da Carla 75, 82, *88*, **91**, 115, 116, 121
  Osteria La Bottega Ai Promessi Sposi *128*
  Prontopesce *20*, **29**
  Trattoria Da Fiore *38*, **42**, *88*, **92**, 172, 175

Die werden Sie auch lieben.

ISBN 978-3-8338-2203-2

ISBN 978-3-8338-3404-2

Zum Buch Weinbars in Venedig: die kostenlose App für unterwegs!
- mit allen Spaziergängen
- mit interaktiven Stadtkarten, Reisetipps und Spezialitäten
- für iPhone & Android Smartphones

ISBN 978-3-8338-2519-4

Auch als interaktives eBook für Ihr iPad im iBookstore erhältlich.

ISBN 978-3-8338-2198-1

ISBN 978-3-8338-3606-0

Mehr von GU auf www.gu.de und
facebook.com/gu.verlag

Willkommen im Leben.

IMPRESSUM

© 2013 GRÄFE UND UNZER VERLAG GmbH, München
Alle Rechte vorbehalten. Nachdruck, auch auszugsweise, sowie die Verbreitung durch Film, Funk, Fernsehen und Internet, durch fotomechanische Wiedergabe, Tonträger und Datenverarbeitungssysteme jeglicher Art nur mit schriftlicher Genehmigung des Verlages.

Konzept und Projektleitung:
Birgit Rademacker
Lektorat: Susanne Bodensteiner
Korrektorat: Adriane Andreas
Layout, Typographie und Umschlaggestaltung:
independent Medien-Design, Horst Moser, München
Satz: Gerti Köhn, München
Herstellung: Petra Roth
Reproduktion: Longo AG, Bozen
Druck und Bindung:
Printer Trento, Trient

2. Auflage 2014
ISBN 978-3-8338-3404-2

Syndication
www.jalag-syndication.de

www.facebook.com/gu.verlag

Bildnachweis
Peter von Felbert: alle Fotos
Martin Haake: alle Illustrationen

Die Autoren
Cornelia Schinharl ist bei GU seit langem die Spezialistin fürs italienische Kochen – und für viele andere kulinarische Themen. Ihre Bücher aus der Reihe »Für die Sinne« wie »Süditalien« oder »Toskana« wurden mehrfach prämiert. Die erfolgreiche Autorin reist regelmäßig nach Bella Italia, um kulinarisches Neuland rund um Wein und Küche, aber auch Traditionsreiches wie die *bacari* von Venedig zu entdecken.
Beat Koelliker behauptet, in seiner letzten Inkarnation als Pizzaiolo in Neapel gelebt zu haben. Tatsache ist, dass er mehrere Jahre in Italien gewohnt und in der italienischen Lebensart sein zweites Ich entdeckt hat. Aus seiner Feder stammen mehrere Weinbücher wie die *Große Hallwag Weinschule* oder die *Neue Hallwag Weinschule*. Er leitet zahlreiche Verkostungen unter dem Motto »Learning by tasting«, denn nur wer Wein trinkt, kann ihn auch verstehen.

Der Fotograf
Peter von Felbert, aufgewachsen in Oberhausen, entdeckte mit 18 seine Liebe zu München. Er verließ die Stadt nur noch einmal für längere Zeit, um in Bielefeld Fotografie zu studieren. Seit 1994 ist München sein Lebensmittelpunkt. Er arbeitet für Buchverlage, Magazine und fotografiert »alles was lebendig ist, nur nicht so gerne im Studio«. Stilistisch bewegt er sich auf dem Grad zwischen angewandter und künstlerischer Fotografie. Unterstützt wurde er bei diesem Buch von **Karin Lochner** (Assistenz).

Der Illustrator
Martin Haake lebt in Berlin und arbeitet seit über 17 Jahren als Illustrator für internationale Verlage und Unternehmen wie z. B. Daimler Chrysler, Bacardi, Pfizer, The New York Times, The Royal Society of Arts. Seine Werke wurden bereits für viele Illustration- und Design-Anuals ausgewählt. Vom Deutschen und Britischen Art Directors Club wurde er mit dem Silver Award ausgezeichnet.

Liebe Leserin, lieber Leser,
haben wir Ihre Erwartungen erfüllt? Sind Sie mit diesem Buch zufrieden? Haben Sie weitere Fragen zu diesem Thema? Wir freuen uns auf Ihre Rückmeldung, auf Lob, Kritik und Anregungen, damit wir für Sie immer besser werden können.

GRÄFE UND UNZER Verlag
Leserservice
Postfach 86 03 13
81630 München
E-Mail:
leserservice@graefe-und-unzer.de

Telefon: 00800 / 72 37 33 33*
Telefax: 00800 / 50 12 05 44*
Mo–Do: 8.00–18.00 Uhr
Fr: 8.00–16.00 Uhr
(* gebührenfrei in D, A, CH)

Ihr GRÄFE UND UNZER Verlag
Der erste Ratgeberverlag – seit 1722.